Contents

Working with French

Foundation Level

Margaret Mitchell

Stanley Thornes (Publishers) Ltd

First published in 1991 by:
Stanley Thornes (Publishers) Ltd
Ellenborough House
Wellington Street
CHELTENHAM GL50 1YD
England

Reprinted 1992
Reprinted 1993

British Library Cataloguing in Publication Data
Mitchell, Margaret
   Working with French foundation level.
   I. Title
   448

   ISBN 0-7487-1164-3

Other business language books from Stanley Thornes:

P Lupson, D Embleton and E Eggington *Working with German* (Coursebooks, Teacher's Books, Cassettes)
T Connell and J Kattán-Ibarra *Working with Spanish* (Coursebooks, Teacher's Notes, Cassettes)
D Aust and C Shepherd *Lettere Sigillate*

Typeset by Tech-Set, Gateshead, Tyne & Wear
Printed and bound in Great Britain at The Bath Press, Avon

Introduction

About this book

Working with French Foundation Level is designed for anyone needing to use the language for practical purposes, at work or for travel, and for those following a vocational course in French. It is suitable for beginners or those having a limited previous knowledge of the language.

The approach is from the point of view of someone working in France for a short period of time on behalf of a British company. While enabling the business traveller to deal with the everyday situations of a short- or long-term stay in a French-speaking country the situations can also be applicable to people using their French while remaining in the UK: arranging travel for someone else, making contact with French-speaking customers, entertaining or being entertained.

How to use this book

The book is intended for use with groups, individuals with tutorial support or as core material for a supported self-study course.

About the units

There are 12 units, each having a particular theme which is developed by means of dialogues and individual or pair-work exercises. The units are also graded structurally. The grammatical points which are introduced and useful phrases relating to specific situations are listed at the end of each unit in order to consolidate what has been covered. Unit 12 contains a series of short revision assignments.

The vocabulary introduced is essentially practical, in that it has been selected to provide students with a command of the language for use in everyday contexts. It will also familiarise them with some of the terminology they will need if they have to use French in the course of their work.

The exercises

Students are given practice in the skills they are likely to need when working with the language: making and receiving telephone calls, relaying information, receiving visitors, making social contact, writing messages, dealing with routine business correspondence, form-filling, translating or summarising. Each unit contains short listening comprehensions which present students with a wide range of situations, and reading passages intended to be of general interest. These are related to the theme of the unit. Some authentic material has been included in the book but students will not be expected to understand all of it: exercises on these texts are based on the easier material.

Cassette

The cassette which accompanies *Working with French* contains the dialogues (scripts are in the Coursebook indicated by the symbol [◎▭◎]) and listening exercises (tapescripts are included in the Teacher's Book).

Summary of language functions

This list of useful phrases which have been included in the book is on page 127.

Grammar summary

The grammatical points covered in the book are summarised on page 131.

Vocabulary list

A French–English vocabulary list gives the meanings of words in the context in which they are used in the book.

Teacher's Book

A Teacher's Book accompanies the Coursebook. It contains a unit-by-unit commentary; tapescripts and worksheets containing structural practice exercises, guided writing, information-gap, role-play and additional listening exercises.

Students who have completed this volume can proceed to *Working with French Development Level*, which introduces more advanced language skills in more specific work-related situations.

Acknowledgements

The author and publishers wish to thank the following for permission to use material:

Princess Hats for the letters on pages 65 and 66.
Caravaning Loisirs Saumurois for the advertisement on page 71.
Berlitz Publishing for the extract from the *Berlitz Guide de voyage – Paris* on pages 52 and 73.
Diners Club International for the information on page 71.
Hotel Sofitel International for the extracts on pages 118 and 119.
Yvonne Fredet for the advertisement on page 58.
Comité départemental du tourisme de l'Anjou for the extract from *Hôtellerie-Restauration 1989* on page 13.
Femme Actuelle for the article 'L'Europe et vous' (appeared in *Femme Actuelle* N° 320) on page 109.
Restaurant Le Grandgousier for the advertisement on page 38.
J. Allan Cash for the photos on pages 14, 27, 85, 87 and 101.
Jerrican Picture Agency, Paris, for the front cover photo.
Keith Gibson for all other photos.

The author wishes to thank all those involved with the preparation of *Working with French Foundation Level*, and especially:
Nicole Michel, Alison Walters and the Sinfield family for their help in collecting authentic material.

Every attempt has been made to contact copyright holders, but we apologise if any have been overlooked.

Enchanté

A la réception

 Thompson Manufacturing is a British company which is setting up a new plant (*une nouvelle usine*) in France. They are sending two of their staff to spend six months in France to help get the new company established: Paul Smith, a sales engineer and Claire Stevens from personnel.

The new director of Thompson France, Gérard Leclerc, is visiting Thompson Manufacturing to meet Paul Smith, Claire Stevens and the managing director, John Davidson.

Monsieur Leclerc arrive à la réception.

M. Leclerc:	Vous parlez français, Madame?
Réceptionniste:	Oui, Monsieur.
M. Leclerc:	Euh, bonjour, Madame. J'ai rendez-vous avec John Davidson.
Réceptionniste:	C'est de la part de qui?
M. Leclerc:	Je m'appelle Gérard Leclerc. Je suis directeur de Thompson France.
	La dame à la réception téléphone à John Davidson.
Réceptionniste:	M. Davidson arrive.
M. Leclerc:	Merci, Madame.
Mr Davidson:	Bonjour, Monsieur. Je suis John Davidson. Heureux de faire votre connaissance.
M. Leclerc:	Enchanté.

Practice

1 Heureux de faire votre connaissance

Bonjour. Je m'appelle Gérard Leclerc. Je suis français, et j'habite Angers. Je suis directeur de Thompson France.

Bonjour. Je suis Claire Stevens. Je suis anglaise, et je travaille à Thompson Manufacturing. Je suis chef du personnel.

Je m'appelle John Davidson. Je suis anglais, et j'habite Londres. Je suis directeur-général de Thompson Manufacturing.

Je suis Paul Smith. Je suis anglais. J'habite Milton Keynes. Je suis ingénieur commercial à Thompson Manufacturing.

Make up a similar introduction about yourself. These are some words which may help:

- Je m'appelle.../Je suis...
- Je suis anglais/anglaise; écossais/écossaise; irlandais/irlandaise; gallois/galloise; canadien/canadienne
- Je suis ingénieur/secrétaire/chef des ventes (sales manager)/chef des achats (chief buyer)/gérant (manager)/téléphoniste/étudiant.

2 Imagine yourself arriving at the reception of a French-speaking client's offices. You have a meeting with Mme Leblanc. Complete the dialogue.

Réceptionniste:	Bonjour, Monsieur/Madame.
Vous:	_____
Réceptionniste:	C'est de la part de qui?
Vous:	_____
	(*Madame Leblanc arrives to meet you.*)
Mme Leblanc:	Bonjour, Monsieur/Madame...
Vous:	_____
Mme Leblanc:	Je suis Monique Leblanc, le chef des achats.
Vous:	_____
Mme Leblanc:	Heureuse de faire votre connaissance.
Vous:	_____

Au téléphone

 Brigitte Duclos is a secretary in the personnel department at Thompson France. She is receiving applications for jobs with the company from candidates Claire will interview later. An applicant (*candidat*) telephones, seeking a job with Thompson France (*il cherche un emploi avec Thompson*).

Secrétaire: Allô, oui. Service du personnel.
Candidat: Bonjour, Madame. Je cherche
              un emploi dans votre société.
Secrétaire: Quel est votre nom, Monsieur?
Candidat: Je m'appelle Dubois.
Secrétaire: Et votre prénom?
Candidat: Pierre.
Secrétaire: Quelle est votre profession?
Candidat: Je suis ingénieur.
Secrétaire: Quelle est votre nationalité?
Candidat: Je suis français.
Secrétaire: Où habitez-vous?
Candidat: J'habite Saumur.

Practice

3 Complete this form with details about yourself.

Nom:
Prénom:
Profession:
Nationalité:
Domicile:

These are some words to help you: gérant, secrétaire, chef des ventes, chef de production, chef des achats.

4   If you were telephoning Thompson France to enquire about a job, and giving details about yourself, what would you say?

5   Listening comprehension

Here are a couple of the applications Brigitte has received.

```
Nom: Garcia
Prénom: Dominique
Nationalité: espagnole
Age: vingt-deux (22) ans
Profession: téléphoniste
Domicile: Paris
```

Elle s'appelle Dominique Garcia. Elle est espagnole. Elle a vingt-deux ans. Elle est téléphoniste et elle habite Paris.

```
Nom: Tissérand
Prénom: Jean-Louis
Nationalité: belge
Age: trente-trois (33) ans
Profession: chef des ventes
Domicile: Tours
```

Il s'appelle Jean-Louis Tissérand. Il est belge. Il a trente-trois ans. Il est chef des ventes et il habite Tours.

Listen to Brigitte telephoning Claire to tell her about the people named below and then complete the table.

Here are some words to help you:
- français, française, suisse, canadien
- d'abord (first); puis (next); enfin (lastly)

Nom	Prénom	Nationalité	Age	Profession
Leclerc	Geneviève			
Voisine	Frédéric			
Bérous	Martine			
Berrogain	Daniel			

6   Using the details obtained from your colleagues in exercise 1, tell your class, in French, about the people you interviewed, using the same formula as Brigitte.

7 Reading comprehension

Je m'appelle Dominique Dupont. Je suis française et je viens de Fontainebleau. Je suis mariée et j'ai une fille. Elle s'appelle Claudine. Mon mari s'appelle Yves. Il est ingénieur. Il est chef de production chez un fabricant de voitures. Moi, je travaille dans un restaurant.

Je m'appelle Patrick Joubert. Mon entreprise s'appelle Créations Joubert. C'est une petite entreprise familiale, une petite fabrique de meubles. Je suis marié. Ma femme s'appelle Chloé. Elle travaille avec moi. Ma sœur aussi travaille avec moi. Elle s'appelle Martine et elle est célibataire.

Using the text above, say whether the following statements are true or false.

a) Dominique is a Frenchman.
b) Yves is married with one child.
c) Yves is married to an engineer.
d) Dominique works for a car manufacturer.
e) Dominique is married to Yves.
f) Patrick's company manufactures hats.
g) Créations Joubert is a large company.
h) Patrick is not married.
i) Chloé works at the same company as Patrick.
j) Martine is Patrick's unmarried sister.

Summary

Phrases

1 Greeting people

Bonjour, Monsieur/Madame
Heureux de faire votre
   connaissance
Enchanté

2 Introducing oneself

Je m'appelle
Je suis...

3 Saying where one comes from

Je viens de...
Je suis américain/américaine
       australien/australienne
       canadien/canadienne
       anglais/anglaise
       irlandais/irlandaise
       gallois/galloise
       écossais/écossaise
       belge
       suisse

4 Giving information about one's work

Je suis directeur
      gérant
      ingénieur
      directeur-général
      chef du personnel
      chef des ventes
      secrétaire
      chef des achats
      chef de production
      téléphoniste

Language forms

1 Verbs

a) Present tense: regular -er verbs

Take the **-er** off the infinitive and add the endings.

Example: chercher, to seek, look for

je cherch**e**	I am seeking
il cherch**e**	he is seeking
elle cherch**e**	she is seeking
vous cherch**ez**	you are seeking

Other similar verbs: arriver, travailler, habiter

b) Present tense: irregular verbs

Examples: avoir, to have

j'ai	I have
il a	he has
elle a	she has

être, to be

je suis	I am
il est	he is
elle est	she is

NB C'est   it is

c) Present tense: reflexive verbs

Example: s'appeler, to be called

je **m'**appelle	I am called
il **s'**appelle	he is called
elle **s'**appelle	she is called
vous **vous** appelez	you are called

The literal meaning is 'I call myself'; 'he calls himself'; 'she calls herself'; etc.

2 Nouns

a) The definite article

Nouns in French are masculine or feminine. The words for 'the' are: **le** (masculine), **la** (feminine).

Examples: le mari
           la femme

b) The indefinite article

The words for 'a/an' are: **un** (masculine words) and **une** (feminine words).

Examples: un emploi
         une fabrique

The indefinite article in French is omitted before professions.

Example: Je suis ingénieur commercial.

3 Adjectives

Adjectives have different forms depending on whether the word they are describing is masculine or feminine, singular or plural.

Examples:

Gérard Leclerc: 'Enchanté.'
Claire Stevens: 'Enchant**e**.'
John Davidson: 'Heureu**x** de faire votre connaissance.'
Monique Leblanc: 'Heureu**se** de faire votre connaissance.'

Note also the possessive adjectives:

votre (masculine and feminine singular)	your
mon (masculine singular)	my
ma (feminine singular)	my

4 Questions

Qui?	Who?
Où?	Where?
Quel (masculine)	What?
Quelle (feminine)	What?

The subject and verb are normally inverted in questions.

Example: Où habitez-vous?

J'arrive le 16 à 21 heures

Faire une réservation

Paul Smith and Claire Stevens are going to spend six months working at Thompson France to help get the new plant established. First, they are making a preliminary visit to find accommodation (*un logement*) and meet their future colleagues.

They are to travel on 16 December, by plane (*en avion*) from Heathrow to Paris, then by train to Angers. Debbie, one of the secretaries, is arranging hotel accommodation for them.

Réceptionniste:	Allô, oui?
Debbie:	C'est bien l'Hôtel d'Anjou?
Réceptionniste:	Oui, j'écoute.

Debbie:	Je voudrais réserver deux chambres, s'il vous plaît.
Réceptionniste:	Je suis désolée, Madame. L'hôtel est complet.
Debbie:	Merci bien, Madame. Au revoir.

*   *   *

Réceptionniste:	Allô, oui?
Debbie:	C'est bien l'Hôtel Concorde?
Réceptionniste:	Oui, Madame.
Debbie:	Je voudrais réserver deux chambres, s'il vous plaît.
Réceptionniste:	Oui, Madame. Pour combien de personnes?
Debbie:	Deux chambres pour une personne.
Réceptionniste:	Oui. Pour combien de nuits?
Debbie:	Une chambre pour deux nuits et l'autre pour quatre nuits à partir du 16 (*seize*) décembre.
Réceptionniste:	Ah, je suis désolé. Je n'ai plus qu'une seule chambre.
Debbie:	D'accord. Je la prends.
Réceptionniste:	Pour deux nuits ou quatre nuits, alors?
Debbie:	Pour deux nuits seulement.
Réceptionniste:	C'est à quel nom?
Debbie:	Au nom de Mademoiselle Claire Stevens, de la société Thompson Manufacturing en Angleterre.
Réceptionniste:	Et votre numéro de téléphone?
Debbie:	C'est le 081 280 9187.
Réceptionniste:	Très bien. Donc une chambre pour une personne pour deux nuits au nom de Stevens.
Debbie:	C'est une chambre avec une salle de bains?
Réceptionniste:	Oui, Madame.
Debbie:	Merci. Au revoir, Monsieur.

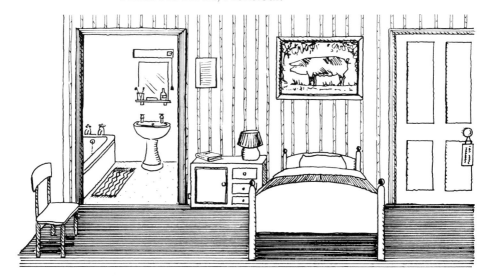

Practice

1   Debbie has to find another hotel for Paul Smith. She telephones the Hotel France.

Réceptionniste:	Allô, oui.
Debbie:	(Ask if that's the Hotel France.)
Réceptionniste:	Oui, j'écoute.
Debbie:	(Say that you would like to reserve a room.)
Réceptionniste:	Oui, Madame. Pour combien de personnes?
Debbie:	_____
Réceptionniste:	Pour combien de nuits?
Debbie:	(Say it's for four nights, from 16 to 19 (*dix-neuf*) December.)
Réceptionniste:	C'est à quel nom?
Debbie:	_____
Réceptionniste:	Et votre numéro de téléphone?
Debbie:	_____
Réceptionniste:	Très bien.
Debbie:	_____

2   Debbie sends a fax to confirm Claire's hotel booking. This is what she writes.

THOMPSON
MANUFACTURING

Fax Message   **Date:** 5/12
To: Hôtel Concorde
From: Debbie Clark

Je confirme notre réservation d'une chambre pour une
personne avec une salle de bains pour les nuits du 16 et
17 décembre, au nom de Mlle Stevens.

Debbie Clark

Write a fax to confirm Paul Smith's booking.

3 You are travelling to Angers and need hotel accommodation. With a partner, imagine your telephone conversations with the reception at the hotels below.

Here are some expressions you will need:
- une chambre pour une personne/une chambre pour deux personnes
- une chambre avec une salle de bains/une chambre avec une douche
- pour une/deux/trois nuits
- au nom de...

ANGERS – 49000		
*** Altea – Lac de Maine route de Nantes (Pullman)	41.48.02.12 (721.111)	
*** Anjou (Best Western) 1 boulevard Foch	41.88.24.82 (720.521)	
*** France (FA) 8 place de la Gare	41.88.49.42 (720.895)	
*** Mercure 1 place Pierre Mendès-France	41.60.34.81 (722.139)	
*** Progrès (INT) 26 rue Denis-Papin	41.88.10.14 (720.982)	
** Boule d'Or 27 boulevard Carnot	41.43.76.56 (720.930)	
** Champagne 34 rue Denis-Papin	41.88.78.06 (720.930)	
** Climat de France rue du Château- d'Orgemont	41.66.30.45 (722.747)	
** Continental 12–14 rue Louis-de- Romain	41.86.94.94 (723.042)	
** Europe 3 rue Châteaugontier	41.88.67.45 (722.125)	

Write a letter confirming the arrangements you eventually make.

Le programme de la visite

 Debbie telephones Gérard Leclerc's secretary to explain arrangements for Claire and Paul's visit.

Debbie: Bonjour, Madame. Ici Debbie Clark. Je suis secrétaire chez Thompson Manufacturing. Je téléphone d'Angleterre.

Secrétaire: Bonjour, Mademoiselle. Qu'est-ce que je peux faire pour vous?

Debbie: C'est pour confirmer la date d'arrivée de Monsieur Smith et Mademoiselle Stevens. Ils arrivent le 16 décembre. Ils prennent le vol Heathrow—Paris. Ils prennent le train jusqu'à Angers. Ils arrivent vers 21 (*vingt et une*) heures.

Secrétaire: Est-ce qu'ils ont une chambre d'hôtel?

Debbie: Oui. Mademoiselle Stevens à l'Hôtel Concorde pour deux nuits, et Monsieur Smith à l'Hôtel de France pour quatre nuits. Pour le retour, Mademoiselle Stevens prend l'avion le 18 (*dix-huit*) et Monsieur Smith le 20 (*vingt*) décembre.

Practice

4   Gérard Leclerc has stayed longer than planned in England. This is his new schedule for his departure.

Vendredi
Départ :   08h00
Avion :   11h00
Arrivée à Paris : 13h00
                 (treize heures)

Train (Montparnasse): 14h50
(quatorze heures cinquante)

Arrivée à Angers : 16h21
(seize heures vingt et un)

a)   If you were telephoning Gérard's secretary in France to let her know the new arrangements, and had to leave an answerphone message in French, what would you say?

b)   Gérard telephones his wife to tell her of the new arrangements. What does he say?

5   Listening comprehension

 Alison Stewart works for a travel agency in the UK. She receives a number of enquiries from French clients. What kind of accommodation does each ask for?

6 **Reading comprehension**

Alison has received a letter from a French client.

Monsieur

Je viens à Londres au mois d'août. Je voudrais réserver des chambres d'hôtel pour ma famille. Nous sommes quatre personnes : ma femme, moi, et nos deux enfants, un garçon et une fille.

Nous cherchons un hôtel assez petit, avec parking. Nous voudrions une chambre pour deux personnes avec une salle de bains, et deux chambres pour une personne pour les enfants.

Voulez-vous nous envoyer une liste d'hôtels, et de prix.

En vous remerciant d'avance, je vous prie d'agréer l'expression de mes sentiments les meilleurs.

Guillaume Lenoir

Vrai ou faux?

a) Guillaume is coming to London with his family.
b) They are bringing their car.
c) He wants rooms with bathrooms for the children.
d) He wants to book two rooms.
e) The family wants a large hotel.
f) Guillaume asks for a price-list.

Guide des hôtels à Londres

Summary

Phrases

1 Asking for something	Je voudrais... Nous voudrions... Voulez-vous?
2 Expressing regret	Je suis désolé(e)
3 Offering help	Qu'est-ce que je peux faire pour vous?
4 Telephone expressions	Allô, oui J'écoute Ici...

Numbers 1–60

0	zéro	12	douze	24	vingt-quatre
1	un	13	treize	25	vingt-cinq
2	deux	14	quatorze	26	vingt-six
3	trois	15	quinze	27	vingt-sept
4	quatre	16	seize	28	vingt-huit
5	cinq	17	dix-sept	29	vingt-neuf
6	six	18	dix-huit	30	trente
7	sept	19	dix-neuf	40	quarante
8	huit	20	vingt	50	cinquante
9	neuf	21	vingt-et-un	60	soixante
10	dix	22	vingt-deux		
11	onze	23	vingt-trois		

Months of the year

janvier	juillet
février	août
mars	septembre
avril	octobre
mai	novembre
juin	décembre

Language forms

1 Verbs

a) Present tense: regular verbs

Example:

nous cherch**ons**	we are seeking
ils cherch**ent** (masculine)	they are seeking
elles cherch**ent** (feminine)	

b) Present tense: irregular verbs

Examples: être, to be

nous sommes	we are

avoir, to have

vous avez	you have
ils ont	they have

prendre, to take

je prends	I take/am taking
il/elle prend	he/she takes/is taking
nous prenons	we take/are taking
ils/elles prennent	they are taking

venir, to come

je viens	I am coming

2 Pronouns
Direct object pronouns

Je **la** prends.	I'll take it.

The word **la** in this sentence replaces **la chambre**. Note the word order: the pronoun is placed before the verb.

3 Questions

Combien?	How many/How much?

Est-ce que...? used in front of any statement makes it into a question:

Est-ce qu'ils ont une chambre?	Do they have a room?

4 Expressions of time

à partir de	from
jusqu'à	until, as far as

Aller et retour

Au guichet

 Paul and Claire are setting off on their trip to Angers for their visit to Thompson France. They arrive at Charles de Gaulle airport, where they have to take a train to Paris.

Paul:	Deux aller simples pour la Gare du Nord s'il vous plaît, Monsieur. Ça fait combien?
Employé:	Ça fait 60 F, Monsieur.
Paul:	Voilà un billet de 500 F. Je suis désolé, je n'ai pas de monnaie.
Employé:	Voilà, Monsieur.
Paul:	Merci. Le train est à quelle heure?
Employé:	Il y en a un toutes les quinze minutes, Monsieur.
Paul:	Quel quai, s'il vous plaît?
Employé:	Quai numéro un.

19

Practice

1 You are buying a ticket to travel to Nice. Complete the dialogue.

Vous: (Ask for a ticket to Nice.)
Employé: Aller simple ou aller-retour?
Vous: (Ask for a return ticket, and ask how much it is.)
Employé: 140 francs, Monsieur.
Vous: (Say you are sorry, you don't have any change. Ask the time of the next train.)
Employé: A quinze heures, Monsieur.
Vous: (Ask which platform it is.)
Employé: Quai numéro 17 (*dix-sept*).

2 Claire has a leaflet explaining the transfer system from the airport to the city centre. A confused fellow passenger asks for help. Answer her questions:
- Where do I go to get a train?
- Where do I get a ticket?
- When are the trains?

3 Paul and Claire arrive at the Gare du Nord. They have to take the metro to Montparnasse. Read this information given in French and English.

Demandez les titres de transport RATP.

Paris sur le bout des doigts

Pour un nombre limité de voyages: le ticket. Il s'achète à l'unité ou par carnet de 10, il est valable pour un seul trajet. Seuls les tickets à l'unité sont en vente dans les bus. Dans le métro et le RER Paris, la tarification est indépendante du parcours; dans les bus, elle varie en fonction de la distance (1 à 2 tickets dans Paris, 2 à 6 tickets en banlieue). *Pour circuler librement pendant 1 journée entière: Formule 1*. La meilleure formule pour effectuer un nombre illimité de voyages pendant 1 journée, dans Paris et sa banlieue. Renseignez-vous aux guichets du métro et du RER. *Et pour vos enfants: des tarifs réduits... voire très réduits*: Tickets demi-tarif pour les enfants de moins de 10 ans, et voyage gratuit pour les moins de 4 ans!

Ask for all the RATP travel formulas.

Paris in the palm of your hand. Besides Paris Visite (see p. 8) the RATP offers you various possibilities: *For a limited number of trips: the ticket*. Tickets can be bought singly or by 10 (ask for a "carnet") and are valid for one trip. Only single tickets are sold on buses. The fare on the metro and the RER within Paris city limits is fixed, on buses it varies according to the distance covered (1 or 2 tickets within Paris, 2 to 6 in the suburbs.) *For unlimited transportation during one day: Formule 1*. It allows you to take an unlimited number of trips during one day, in Paris and the suburbs. Inquire at metro and RER ticket offices. *And for your children:* Reduced rates... even very reduced rates. Half-price for children under 10, free travel for those under 4!

What is the French translation of the following words?

valid	the suburbs
singly	unlimited
sold	enquire
a trip	reduced rate
according to	free

4   At the Gare du Nord, Paul asks a passenger how to get to Montparnasse.

Paul: Excusez-moi, pour aller à la gare Montparnasse, s'il vous plaît?
Passager: Vous prenez la direction Porte d'Orléans, jusqu'à la gare Mont-
                  parnasse.
Paul: Merci, Monsieur.
Passager: Je vous en prie.

With a partner, ask for and give directions to the following stations from the
Gare du Nord, using the simplified metro map below.

Pigalle, Concorde, Luxembourg, Place d'Italie.

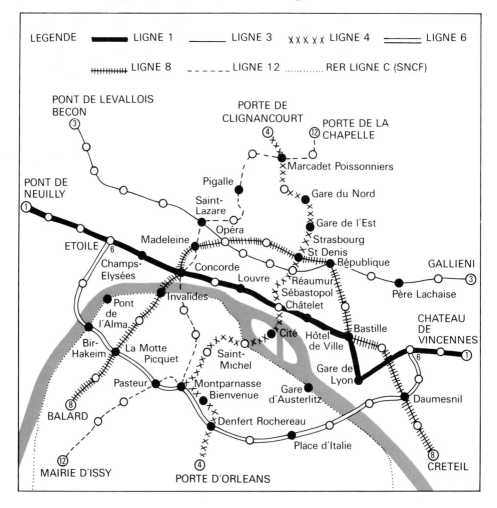

5   Listen to the train announcements on the tape. At what time and from which
platform will Claire and Paul catch their train, and what is their arrival time?

Dans le train

 During the journey from Paris to Angers, a fellow passenger talks to Paul. These are some of the questions he asks.

Passager:	Vous êtes anglais?
Paul:	Oui, je viens de Milton Keynes en Angleterre.
Passager:	C'est votre première visite en France?
Paul:	Oui, c'est ma première visite.
Passager:	C'est un voyage d'affaires?
Paul:	Oui. Je suis ingénieur commercial chez Thompson Manufacturing. Ma collègue et moi allons à Angers. Notre société a une nouvelle usine là-bas.
Passager:	Vous avez appris le français en Angleterre? Vous parlez très bien.
Paul:	Merci. Oui, j'ai appris le français au collège, et nous suivons des cours de français depuis six mois chez Thompson Manufacturing.

Practice

6 You have just arrived in France on a business trip. The taxi driver makes polite conversation during the journey. Complete the dialogue.

Vous:	(Say you want to go to the hotel Splendide.)
Chauffeur de taxi:	Très bien. Montez. Vous êtes anglais?
Vous:	_____
Chauffeur de taxi:	Vous êtes en vacances? (*on holiday*)
Vous:	_____
Chauffeur de taxi:	Vous parlez très bien français.
Vous:	_____
Chauffeur de taxi:	Voilà votre hôtel. Ça fait quarante francs. Bon séjour.

7 Listening comprehension

 Sandra Evans works at a travel agency in Paris dealing with enquiries about transport. Listen to the tape. What do these clients want to know?

8 Reading comprehension

Using the information given below, how would you answer each of Sandra's clients?

Numéro du train		8955	3557	3639	8957	8861	86745	3789
Notes à consulter		1	2	3	4	5	6	7
Paris-Montparnasse 1	D	17.16		17.23	17.30	17.50		18.07
Montparnasse 3 Vaug.	D	|		|	|	|		|
Versailles-Chantiers	D	|		17.38	|	|		|
Chartres	D	|		18.16	|	|		|
Le Mans	A	|		19.30	|	18.44		19.54
Le Mans	D	|	17.53		|	18.46	18.54	19.56
Sablé	A	|	18.16		|	|	19.29	20.20
Angers-St-Laud	A	|			|	19.23		20.44
Ancenis	A	|			|	|		21.12
Nantes	A	19.18			19.29	20.01		21.32

Numéro du train		85749	3643	8967	3767	8871	8969
Notes à consulter		8	9	10	11	12	13
Paris-Montparnasse 1	D	18.13		18.40		18.45	18.46
Montparnasse 3 Vaug.	D	|	18.25		18.44	|	|
Versailles-Chantiers	D	18.26	|		|	|	|
Chartres	D	19.20	|		19.33	|	|
Le Mans	A		20.10		20.34	19.39	|
Le Mans	D				20.36	19.41	|
Sablé	A				21.00	|	|
Angers-St-Laud	A				21.25	20.20	20.17
Ancenis	A				|		|
Nantes	A			20.39			20.54

Notes:

1. Circule: du 2 jan au 18 juin: les ven; le 23 mai—TGV
2. Circule: du 29 jan au 22 juin; les lun, mar, mer, jeu, sauf les 16, 30 avr, ler 7 et 8 mai; circule le 25 mai
3. Circule: à partir du 29 jan: tous les jours sauf le sam, dim et fêtes
4. Circule: à partir du 28 jan: tous les jours sauf le ven et sauf le 23 mai—TGV
5. Circule: à partir du 28 jan, tous les jours
6. Circule: à partir du 29 jan, tous les jours sauf les dim et fêtes
7. Circule: du 2 fév au 18 juin: les ven, le 23 mai—CORAIL
8. Circule: à partir du 2 fév: les ven et le 23 mai
9. Circule: du 29 jan au 23 juin: les lun, mar, mer, jeu sauf les 16 avr, ler et 8 mai—CORAIL
10. Circule: du 29 jan au 22 mai: les lun, mar, mer jeu sauf les 16, 30 avr, le ler, 7 et 8 mai—TGV
11. Circule: du 2 fév au 18 juin: les ven et sam.
12. Circule: à partir du 29 jan, tous les jours sauf les dim et fêtes
13. Circule: à partir du 2 fév: les ven, sam, sauf le 25 mai; circule les 15, 29, 30 avr, 6, 7, 23 et 24 mai—TGV

Summary

Phrases

1	Attracting someone's attention	Pardon, Monsieur/Madame Excusez-moi
2	Asking for directions	Pour aller...s'il vous plaît
3	Giving directions	là-bas en face Prenez la direction
4	Expressing thanks	Merci
5	Receiving thanks	Je vous en prie
6	Asking the price of something	Ça fait combien?

Numbers from 70

70	soixante-dix	86	quatre-vingt-six
71	soixante-et-onze	87	quatre-vingt-sept
72	soixante-douze	88	quatre-vingt-huit
73	soixante-treize	89	quatre-vingt-neuf
74	soixante-quatorze	90	quatre-vingt-dix
75	soixante-quinze	91	quatre-vingt-onze
76	soixante-seize	92	quatre-vingt-douze
77	soixante-dix-sept	93	quatre-vingt-treize
78	soixante-dix-huit	94	quatre-vingt-quatorze
79	soixante-dix-neuf	95	quatre-vingt-quinze
80	quatre-vingts	96	quatre-vingt-seize
81	quatre-vingt-un	97	quatre-vingt-dix-sept
82	quatre-vingt-deux	98	quatre-vingt-dix-huit
83	quatre-vingt-trois	99	quatre-vingt-dix-neuf
84	quatre-vingt-quatre	100	cent
85	quatre-vingt-cinq	200	deux cents

Language forms

1 Verbs
Present tense: irregular verbs

Example: prendre, to take

vous prenez (tu prends)   you take

être, to be

vous êtes (tu es)   you are

NB There are two words in French for 'you':

i) Vous is used as a plural and also as a singular formal word. If someone is
    senior to you or if you do not know them very well, you should use this word.
ii) Tu is used with family, friends and colleagues one knows well. (See Unit 11.)
    If in doubt, take your cue from the French speaker.

aller, to go

je vais   I go/I am going
nous allons   we go/we are going

2 Negatives
The negative is made up of two words: **ne** in front of the verb and **pas** which
follows the verb.

Example: Je **n**'ai **pas** de monnaie.   I haven't any change.

3 Adjectives
These are more examples of irregular forms:
premier (masculine singular)
première (feminine singular)   first

tout/toute/tous (masculine plural)
toutes (feminine plural)   all, every

4 Directions
là-bas   over there
juste en face   just opposite

Chambre numéro 200

Arrivée à l'hôtel

 Claire arrives at her hotel and goes to check in.

Claire:	Bonsoir, Madame. J'ai une chambre réservée au nom de Stevens.
Réceptionniste:	Ah, oui, Mademoiselle Stevens. Vous êtes en déplacement pour la société Thompson, n'est-ce pas?
Claire:	Oui. Je suis responsable du personnel.
Réceptionniste:	Vous avez une pièce d'identité?
Claire:	Voilà mon passeport.
Réceptionniste:	Merci, Mademoiselle. Voulez-vous remplir la fiche?
Claire:	Oui, bien sûr.
Réceptionniste:	Voilà votre clef. C'est la chambre numéro deux cents, avec salle de bains.
Claire:	Est-ce qu'il y a un restaurant?
Réceptionniste:	Oui, il est ouvert de 19 h 30 (*dix-neuf heures trente*) à 22 h 00 (*vingt-deux heures*).
Claire:	A quelle heure est le petit déjeuner?
Réceptionniste:	A partir de 7 h 00, Mademoiselle.
Claire:	Merci, Madame.
Réceptionniste:	Je vous en prie. Bonne soirée, Mademoiselle.

Practice

1 Paul arrives at his hotel. Complete the dialogue.

Paul: _____

Réceptionniste: Ah, oui, Monsieur Smith. Vous êtes en déplacement pour la société Thompson, n'est-ce pas?

Paul: _____

Réceptionniste: Vous avez une pièce d'identité?

Paul: _____

Réceptionniste: Merci, Monsieur. Voulez-vous remplir la fiche?

Paul: _____

Réceptionniste: Voilà votre clef. C'est la chambre numéro trois cent deux, avec douche.

Paul: (Ask where the bar is.)

Réceptionniste: Là-bas, Monsieur.

Paul: (Ask what time dinner (*le dîner*) is.)

Réceptionniste: A vingt heures, Monsieur.

Paul: (Thank the receptionist.)

2 Match the symbols with the French names or phrases.

parking
ascenseur
téléphone
téléviseur
cartes de crédit acceptées
boutique
gymnase
sauna
piscine
navette aéroport

a)

b)

c)

d)

e)

f)

g)

h)

i)

j)

k)

Imagine Claire telling a French colleague about the facilities at the hotel where she is staying. What does she say?

These phrases will get you started:
- A l'hôtel, il y a...
- Dans la chambre il y a...
- Ils acceptent...

HÔTELS – ADRESSE	TÉLÉPHONE (TÉLEX)	FERMETURE		NOMBRE DE CHAMBRES			PRIX			RESTAURANT		Salon pour séminaire (capacité)	Langues étrangères parlées
		Hebdomadaire	Annuelle	Total	Bain ou douche, w.c.	Cabinet de toilette, w.c.	Chambre	Petit déjeuner	Demi pension	Prix	Capacité		
***Concorde 18 boulevard Foch	41.87.37.20 (720.923)			73	73		330-380	38		C	90	180	GB D-1
CONFORT													

3 L'heure

The twenty-four hour clock

une heure/treize heures

deux heures/ quatorze heures

deux heures et quart/ quatorze heures quinze

deux heures et demie/ quatorze heures trente

trois heures moins le quart/quatorze heures quarante-cinq

midi, minuit

Paul is telephoning Thompson France to confirm his schedule for the coming four days. What does he say?

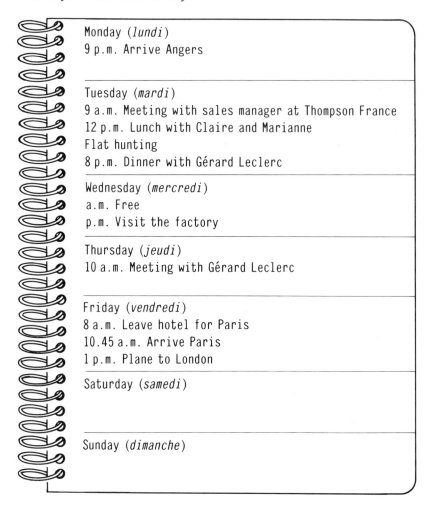

Monday (*lundi*)
9 p.m. Arrive Angers

Tuesday (*mardi*)
9 a.m. Meeting with sales manager at Thompson France
12 p.m. Lunch with Claire and Marianne
Flat hunting
8 p.m. Dinner with Gérard Leclerc

Wednesday (*mercredi*)
a.m. Free
p.m. Visit the factory

Thursday (*jeudi*)
10 a.m. Meeting with Gérard Leclerc

Friday (*vendredi*)
8 a.m. Leave hotel for Paris
10.45 a.m. Arrive Paris
1 p.m. Plane to London

Saturday (*samedi*)

Sunday (*dimanche*)

4 A quelle heure...?

 While waiting to check in at your hotel, you overhear the receptionist giving information to guests about the hotel's services. It is useful information to you, too. Listen to the receptionist dealing with clients' enquiries, and note down the times she gives in response to the following enquiries.

a) A quelle heure est le petit déjeuner?
b) A quelle heure est le déjeuner?
c) A quelle heure est le dîner?
d) A quelle heure est-ce que le bar est ouvert?

5 John Davidson will be coming to France after Christmas for a short stay. He has asked Paul to look out for a hotel for him. Of the choice given below, which most closely fits these specifications?

- Must have bath or shower
- Must have radio, television and telephone in the room
- Must have a swimming pool and gym
- Must have round-the-clock room service

100 CHAMBRES
dont 2 suites et 1 chambre
pour handicapé.
Salle de bains, radio, TV,
téléphone, mini-bar.

RESTAURANT ET BAR
"Le Majoral": spécialités
régionales.
Bar "Le Fustier".

4 SALONS DE RÉUNIONS
ET RÉCEPTIONS
de 60 à 240 m² et 2 bureaux
clients.
Salons pour repas d'affaires
(10 à 240 personnes).

HÔTEL CLIMATISÉ
ET INSONORISÉ

LOISIRS
Piscine avec terrasse aménagée
et bar. 2 courts de tennis.

255 CHAMBRES
et suites.
Salle de bains, radio, TV couleurs,
avec circuit vidéo, téléphone
direct.
Service en chambre 24 h sur 24.

RESTAURANTS
"Le Faucon": restaurant de
tradition française et
internationale.
"Le Shalimar": coffee-shop,
ouvert 24 h sur 24.

SALONS RÉUNIONS
ET RÉCEPTIONS
jusqu'à 200 personnes.
Équipement complet.

HÔTEL CLIMATISÉ
ET INSONORISÉ

LOISIRS ET SERVICES
Piscine. Gymnase. Sauna.
2 squash.
Centre d'affaires.

180 CHAMBRES
dont 4 appartements et
1 appartement présidentiel.
Salle de bains (20 chambres avec
douche), radio, TV, téléphone,
mini-bar.
La plupart des chambres sont
climatisées et insonorisées.

RESTAURANT ET BAR
"Le Chateaubriand": restaurant
traditionnel.
"Le Thomann": bar d'ambiance.

4 SALONS RÉUNIONS
ET RÉCEPTIONS
de 20 à 120 m², tous insonorisés et
climatisés.

AUTRES SERVICES
Salon de coiffure. Galerie
marchande.

A l'agence immobilière

Claire and Marianne, a colleague of hers, arrive at the accommodation agency (*l'agence immobilière*), to look for a flat for Claire during her stay in France. She explains to the agent what she needs.

Agent: Mesdames, bonjour.

Claire: Bonjour. Je cherche un logement. Je vais passer six mois ici à partir du mois de janvier. Je cherche un appartement à louer.

Agent: Un petit studio?

Claire: Oui. Pas trop grand, et pas trop cher..., mais pas trop petit, quand même, et assez confortable. Et je voudrais une salle de bains, pas une douche. Un meublé, bien sûr.

Agent: Eh bien, voici un charmant petit appartement au premier étage avec balcon. Celui-ci donne sur un beau parc. Voici un petit appartement avec un garage à côté. Et puis il y a ce studio avec une petite salle de bains; il y a un parking à côté.

Claire: Le studio, ça fait combien par mois?

Agent: Le loyer est de 2.500 F par mois, charges comprises. Bien meublé: table, chaises, canapé, lit, télévision même. Regardez. Prenez votre temps.

Practice

6 Claire and Marianne discuss each flat in turn. What do they say?

Here are some words and expressions to help:

petit; cher; grand; beau; spacieux; confortable; charmant

A louer: appartement, 70 m², balcon, ensoleillé, 1600 F/mois. Disponible 1er janvier.

A louer: appartement neuf, cuisine équipée, vue sur parc, parking couvert, 2600 F + charges.

A louer, chambre meublée, tout confort; garage, proche centre ville; 1800 F + 100 F charges.

A louer, petite chambre + cabinet de toilette, cuisine à disposition.

Petit pavillon, 34 m², parking, 1500 F charges comprises.

A louer de suite, chambre meublée, douche, frigo, prise TV, chauffage central; 800 F.

Studio meublé, plein centre, tout confort; téléphone, TV; libre début janvier, loyer 1300 F + 200 F charges.

7 Expressing likes and dislikes:
- C'est bien
- C'est horrible
- J'aime assez
- J'adore
- Je déteste

What do you think the above expressions mean? Put them in order of intensity, from liking most to liking least.

8 Listen to Paul, Claire and Marianne on their visit to see the flat Paul has found, and answer the following questions.

   a) Is the flat large or small?
   b) Is it comfortable?
   c) What does Claire like about the living room?
   d) What furniture does it have?
   e) Where will Paul leave his car?

9   **Reading comprehension**

En Charente

Construction aux formes anciennes, matériaux traditionnels, murs blancs, tuiles roses. Elle comprend un rez-de-chaussée, un étage, et un garage.

La salle à manger est à côté de la cuisine. L'entrée, l'escalier et le cellier sont à l'arrière de la maison. A l'étage, il y a trois chambres, une salle de bains, et une galerie.

En Haute Provence

Une maison adaptée au style régional avec un jardin et un balcon à l'étage des chambres.

Le rez-de-chaussée comporte un vaste séjour avec salle à manger et cuisine bien séparée. La salle à manger, la salle d'eau, la lingerie et le cabinet de toilette donnent sur le hall d'entrée. Un passage permet l'accès au garage.

A l'étage, il y a deux chambres, avec salle de bains et cabinet de toilette indépendant. La chambre ouvre sur le balcon.

a) Find the French for:

entrance hall	walls
bathroom	dining room
laundry room	kitchen
opens on to	

b) Which of the descriptions belongs with the plan?

Summary

Phrases

1 Expressing likes and dislikes

C'est bien
C'est horrible
J'aime assez
J'adore
Je déteste

2 Telling the time

Il est quatre heures/seize heures
Il est quatre heures et quart/quatre
    heures quinze/seize heures quinze
Il est quatre heures et demie/quatre
    heures trente/seize heures trente
Il est cinq heures moins le quart/
    quatre heures quarante-cinq/seize
    heures quarante-cinq

Language forms

1 **Verbs**

a) **The present tense**

être

ils/elles sont   they are

b) **The immediate future**

The immediate future can be expressed by using the present tense of the verb **aller** (to go) with the infinitive of the verb. Present tense of **aller**:

je vais	nous allons
tu vas	vous allez
il/elle va	ils/elles vont

Example: Je **vais passer** six mois ici.

2 Adjectives

Adjectives must 'agree' with the noun (see Unit 1). Following are some more examples of adjectives.

i) Masculine singular

il (le restaurant) est ouvert
le petit déjeuner

ii) Feminine singular

une petit**e** salle de bains
une maison adapté**e** au style

iii) Masculine plural

matériaux traditionnel**s**
murs blanc**s**

iv) Feminine plural

cartes de crédit accepté**es**
aux formes ancien**nes**

3 Prepositions

à (to/at) used with the definite article has these forms:
accès **au** garage (à + le = au)
à l'étage
à la gare Montparnasse
aux formes anciennes (à + les = aux)

de (of/from)
à partir **du** seize décembre (de + le = du)
de la société
le bout **des** doigts (de + le = des)

Qu'est-ce que vous prenez?

Réserver une table

Gérard Leclerc has invited Paul and Claire (*il a invité Paul et Claire*) out to dinner, along with Marianne. His secretary is booking a table (*elle réserve une table*) for them.

Employé:	Restaurant Le Toussaint. J'écoute.
Secrétaire:	Bonsoir, Monsieur. Je voudrais réserver une table pour ce soir.
Employé:	Bien sûr, Madame. Pour combien de personnes?
Secrétaire:	Quatre personnes.
Employé:	Et à quelle heure?
Secrétaire:	A huit heures.
Employé:	D'accord. Alors, une table pour quatre personnes à huit heures. A quel nom?
Secrétaire:	Au nom de Leclerc.
Employé:	C'est noté, Madame. Au revoir.

Practice

1 You are booking a table at a restaurant in France. Complete the conversation.

Employé: Restaurant La Calèche. J'écoute.

Vous: (Say good evening, and that you want to reserve a table for that
           evening.)

Employé: Bien sûr, Monsieur/Madame. Pour combien de personnes?

Vous: (Ask for a table for two.)

Employé: A quelle heure?

Vous: (Say seven thirty.)

Employé: D'accord. A quel nom?

Vous: (Give your name.)

Employé: C'est noté, Monsieur/Madame. Au revoir.

2 Study this information about a restaurant and make up a similar conversation
with a partner.

3 Listening comprehension

 Listen to the conversations between restaurant receptionists and customers. In each case note down:
- How many people the booking is for
- The time
- The day.

Au restaurant

Gérard Leclerc, Claire, Paul and Marianne arrive at the restaurant where Gérard Leclerc has booked a table. Here is part of the conversation.

Serveuse:	Messieurs-Dames, bonsoir.
Gérard:	Bonsoir. J'ai réservé une table pour quatre personnes.
Serveuse:	A quel nom, Monsieur?
Gérard:	Au nom de Leclerc.
Serveuse:	Oui. Voilà votre table, là-bas dans le coin. Je vous apporte la carte.

Gérard:	Vous avez choisi?... Mademoiselle, s'il vous plaît.
Serveuse:	Alors, qu'est-ce que vous prenez?
Claire:	Moi, je prends le poulet. J'aime beaucoup.
Serveuse:	Vous ne prenez pas d'entrée, Madame? Cocktail de crevettes ou melon?
Claire:	D'accord. Je préfère le melon.
Paul:	Pour moi, un cocktail de crevettes, et un steack au poivre.
Serveuse:	Comment voulez-vous votre steack, Monsieur? Bien cuit, saignant, à point?
Paul:	Je le veux à point, s'il vous plaît. Je n'aime pas le steack saignant.
Serveuse:	Et comme boisson? Vin rouge? Vin blanc?
Gérard:	Apportez une carafe de rouge et un pichet d'eau.
Serveuse:	D'accord.

Practice

4 What are the different ways of asking for something in a restaurant?

How do you say you
a) Like something
b) Prefer something
c) Dislike something?

5 With a partner or in small groups make up similar conversations using the menu below.

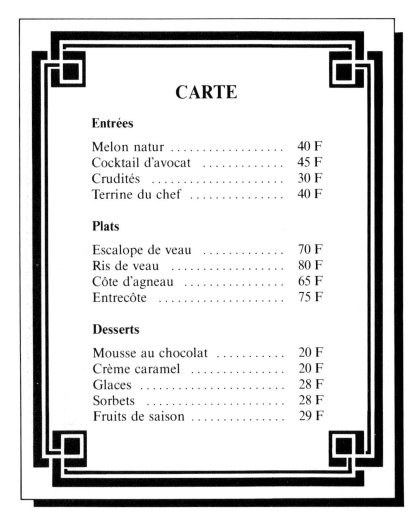

CARTE

Entrées

Melon natur .... 40 F
Cocktail d'avocat .... 45 F
Crudités .... 30 F
Terrine du chef .... 40 F

Plats

Escalope de veau .... 70 F
Ris de veau .... 80 F
Côte d'agneau .... 65 F
Entrecôte .... 75 F

Desserts

Mousse au chocolat .... 20 F
Crème caramel .... 20 F
Glaces .... 28 F
Sorbets .... 28 F
Fruits de saison .... 29 F

6 The following day Claire and Paul have a snack lunch in a café. Study their conversation.

Garçon: Qu'est-ce que vous voulez?
Claire: Un thé au lait, s'il vous plaît.
Paul: Moi, je prends un café.
Garçon: Café noir ou café crème?
Paul: Un café noir.
Garçon: Vous mangez quelque chose?
Paul: Un sandwich au jambon.
Claire: Une tarte aux pommes.

With a partner or small group make up similar conversations using words from the list below.

MARGHERITA ....
Tomate, fromage
SICILIENNE ....
Tomate, fromage, anchois, olive
CAPRICIOSA ....
Tomate, fromage, œuf miroir
ALTONNO ....
Tomate, thon, persillage, olives
REGINA ....
Tomate, épaule, fromage,
câpres
PAOLETTA ....
Tomate, fromage, ail, persil,
champignons frais
PANTALON ....
Tomate, fromage, épaule,
œuf dur ou miroir
CARCIOFINO ....
Tomate, fromage, épaule,
artichaut
ROYALE ....
Tomate, fromage, épaule,
champignons frais

l'espace beaussier

PIZZAS

à emporter

DU CHEF DOUME ....
Tomate, fromage, œuf frais,
aubergine, chorizo
FLORENTINA ....
Epinard, crème fraîche,
fromage, merguez, œuf
QUATRE SAISONS ....
Tomate, champignons frais,
fromage, artichaut, oignons,
épaule
BEAUSSERIA ....
Tomate, jambon de montagne,
poivrons, champignons frais,
fromage, aubergines

LA JUVE ....
Ratatouille, rôti de porc, chorizo,
fromage, persillage, œuf miroir
PIZZA FRUITS DE MER ....
PIZZA AU SAUMON ....

Garniture : ....
persillage ou oignons ou œuf

et aussi, à toute heure :	**15 SALADES**
GALETTES & CREPES	**COMPOSEES**
	18 GLACES

au bar :

BOISSONS CHAUDES,
APERITIFS, COCKTAILS,
WHISKYS, BIERES, DIGESTIFS …

7 Voici l'addition de quatre amis dans un salon de thé. Martine a pris un jus d'orange et une tarte aux pommes à 10 F 60. Nicole a pris un thé et un baba au rhum à 11 F 30. Jean-Luc a bu un café; il n'a pas pris de gâteau. Bernard a pris un thé et une tarte aux cerises à 11 F 10.

Combien ont-ils payé? Complétez la conversation.

Martine: J'ai pris un jus d'orange et une tarte aux pommes. Je dois payer 19 F 60.

Nicole: _____

Jean-Luc: _____

Bernard: _____

SALON DE THÉ

Café	1	6,80
Thé	2	10,00
Jus de Fruits		9,00
Pâtisserie		11,30
		10,60
		11,70
		59,40

8 Voici les heures des repas en France. Expliquez à un(e) collègue français(e) les heures des repas en Angleterre.

9 Listen to the conversation with the waiter at a restaurant. What does each person choose from the menu?

Restaurant
Chez Henri
NOS SPÉCIALITÉS

Escargots de Bourgogne

Sole «à la Normande»

Poulet flambé à l'Armagnac

Steack flambé au poivre

Homard à l'Américaine (sur commande)

Tarte «Isabelle»

10 The day after the dinner with Gérard, Paul told a colleague about the meal. What might he have said?

Over lunch, Paul talked about his journey to Angers. What did he say?

11 Reading comprehension

Découvrir la France c'est aussi découvrir sa cuisine

La cuisine est très importante pour les Français, et la cuisine française est connue partout dans le monde. Dans toutes les villes le voyageur peut bien manger sans payer très cher.

Dans les auberges le propriétaire ou la propriétaire fait la cuisine. Ils ont appris les recettes de leurs parents ou grands-parents dans leur jeunesse. Ils les connaissent bien. Ils les aiment comme ils aiment leur pays, leur région, et leur métier. Dans leur menu, ou à leur carte à un prix modique, vous trouvez des produits amoureusement cuisinés pour vous.

A Angers, Eric, propriétaire du «Saint Gourmand» a 25 ans. Sa femme Carole a 22 ans. Eric a pour la cuisine la passion que d'autres ont pour la musique. Il n'a pas de spécialités. Tous ses plats sont des spécialités. Le midi, le repas d'affaires, 59 francs, vous est servi en trois quarts d'heure.

Translate the passage into English.

Summary

Phrases

1	Asking for something (in a restaurant)	Je prends Je voudrais Je veux Apportez
2	Expressing likes/dislikes	J'aime beaucoup Je n'aime pas
3	Expressing preference	Je préfère

Language forms

1 Verbs

a) Present tense: irregular verbs

devoir, to have to

je dois
tu dois
il/elle doit
nous devons
vous devez
ils/elles doivent

b) The perfect tense

This is formed – in the case of almost all verbs – with the present tense of **avoir** plus a past participle.

j'ai
tu as
il/elle a
nous avons
vous avez
ils/elles ont

$\left. \right\}$ + a past participle

i) Regular forms
-er verbs

Example: réserver, to reserve

j'ai réserv**é**   I have reserved/I reserved

-ir verbs

Example: choisir, to choose

j'ai chois**i**   I have chosen/I chose

-re verbs

Example: répondre, to reply

j'ai répond**u**   I replied

ii) Irregular forms

Examples: apprendre, to learn

j'ai appris
tu as appris
il/elle a appris
nous avons appris
ils/elles ont appris

boire, to drink

j'ai bu, etc.

2 Pronouns
Direct object pronouns

Je **le** veux à point.   I want it medium.
le replaces **le steack**.

Ils **les** aiment.
les replaces the noun **les recettes**.

3 Adjectives
Possessive adjectives

leur (singular)
leurs (plural)   their

Adjectival nouns

un Français/une Française   A Frenchman/Frenchwoman
This is a noun and starts with a capital letter.

français/française   French
This is the adjective and starts with a lower case letter.

Questions d'argent

Changer des chèques

Claire goes to the bank to cash some travellers' cheques.

Claire: Je voudrais changer cent livres en francs, s'il vous plaît. Quel est le taux de change aujourd'hui?

Employé: Vous changez des espèces ou des travellers?

Claire: Je veux changer des chèques de voyage.

Employé: Alors, c'est à 9,78 francs. Vous avez une pièce d'identité s'il vous plaît?

Claire: Oui. J'ai un passeport.

Employé: Voilà, Madame. Passez à la caisse.

           A la caisse

Employé: Voilà, Madame. Cinq cents, sept cents, neuf cents, neuf cent cinquante, soixante, soixante-dix, soixante-dix-huit.

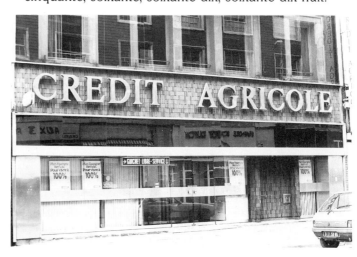

Practice

1 What would you say in French if you wanted to:
   a) Cash a cheque
   b) Exchange cash
   c) Find out the exchange rate?

2 Make up conversations like the dialogue opposite, using the information given in the table below.

PAYS	Monnaies	Cours d'achat FRF	Cours de vente FRF
Etats-Unis	1 USD	5,054	5,066
Communauté Européenne	1 ECU	6,971	6,983
Allemagne Fédérale	100 DEM	339,66	340,3
Belgique	100 BEF	16,406	16,434
Pays-Bas	100 NLG	301,26	301,82
Italie	1000 ITL	4,4988	4,5072
Danemark	100 DKK	88,11	88,27
Irlande	1 IEP	9,049	9,065
Grande-Bretagne	1 GBP	9,7635	9,7815
Grèce	100 GRD	3,26	3,268
Espagne	100 ESP	5,3229	5,3321
Portugal	100 PTE	3,8394	3,8486
Suisse	100 CHF	396,6	397,36
Suède	100 SEK	90,155	90,325
Norvège	100 NOK	85,59	86,75
Finlande	100 FIM	140,27	140,53
Autriche	100 ATS	48,28	48,36
Canada	1 CAD	4,3668	4,3752
Japon	100 JPY	3,7922	3,7998
Djibouti	100 DJF	2,856	2,864
Zaïre	1 ZRZ	0,0029	0,0035
Mexique	100 MXP		

3 Christian works for a bank in France. Listen to his conversation with one of his customers who is telephoning to order travellers' cheques, and say:
   a) How much he wants to change
   b) What denominations he asks for
   c) What documentation he will have to produce
   d) What time he will call in at the bank to collect the cheques.

4 L'argent français

En France, l'unité monétaire est le franc. Cent centimes font un franc. Il y a des pièces d'un franc, deux francs, cinq francs et dix francs; il y a aussi des pièces de cinq, dix, vingt et cinquante centimes. Il y a des billets de vingt francs, cinquante francs, cent francs, deux cents francs et cinq cents francs.

5

Before he went to France, Paul wrote to some banks asking about banking services and information on opening an account. Among the information he received from the Crédit Lyonnais was the following:

Avoir un compte au Crédit Lyonnais...

Pouvoir retirer de l'argent un dimanche, ou un soir à minuit, quand les banques sont fermées...

Etre sûr de trouver l'argent partout, en voyage...

Ne plus être obligé de penser à payer le téléphone, l'eau, le gaz, l'électricité...

Disposer d'un moyen commode pour toucher votre salaire et toutes vos rentrées d'argent régulières...

Payer vos achats en signant simplement la facture, en France comme à l'étranger...

Faire plus pour la sécurité des vôtres, avec une cotisation modique...

Placer vos papiers et vos objets de valeur dans un abri inviolable...

Voici quelques-uns des services dont vous pouvez bénéficier au Crédit Lyonnais grâce à votre Compte-Chèques et à votre Carte Bleue.

Ces services ont été conçus pour vous simplifier la vie, vous aider à mieux gérer votre budget et vous garantir une meilleure sécurité.

Find the French for:
- to draw money
- everywhere
- a convenient means
- regular payments
- bill/invoice
- a subscription/contribution
- a safe place
- manage
- abroad

Summarise, in English, the services offered by this bank.

Ouvrir un compte

Paul decides to open a bank account (*ouvrir un compte*). This is his conversation with the bank clerk (*l'employé*).

Employé:	Vous désirez, Monsieur?
Paul:	Je vais travailler ici pendant six mois à partir de janvier et je voudrais ouvrir un compte courant.
Employé:	Oui. Vous avez une pièce d'identité, Monsieur?
Paul:	Oui. Tenez, voilà mon passeport.
Employé:	Monsieur Smith? Vous êtes anglais?
Paul:	Oui, Monsieur.
Employé:	Il faut un compte étranger en francs. Vous avez une adresse en France?
Paul:	Oui. C'est le numéro 6, rue St Etienne.
Employé:	Bien, vous déposez de l'argent sur le compte aujourd'hui?
Paul:	Oui. Je voudrais déposer cinq cents francs aujourd'hui. A partir du mois de janvier mon salaire va être viré directement sur mon compte.
Employé:	J'ai besoin d'une signature. Voulez-vous signer ici, Monsieur?... Merci.

Practice

6 Listen to these questions from potential customers about banking services. Using the information below, what answers would you give them?

Comment mieux utiliser les services du Crédit Lyonnais

Si vous désirez	Utilisez	Il vous faut	Comment fonctionne le service
recevoir plus facilement votre salaire:	les virements.	un Compte-Chèques.	Votre salaire, vos allocations familiales sont virés directement à votre compte.
ne plus vous occuper de vos quittances, cotisations, impôts:	les domiciliations.	un Compte-Chèques.	Votre banque paie en votre nom vos dépenses régulières.
gérer plus facilement le budget d'un couple:	le Compte-Joint.	un Compte-Chèques et deux signatures.	Un seul compte, avec deux carnets de chèques.
payer en France vos achats d'une simple signature:	la Carte Bleue.	un Compte-Chèques et une signature.	Dans un magasin Carte Bleue, vous signez la facture.
retirer de l'argent 24 heures sur 24:	la Billetterie.	une Carte Bleue.	Avec votre Carte Bleue et votre code personnel, vous retirez jusqu'à 500 F par semaine dans les distributeurs automatiques.

7 Reading comprehension

a) List the things which a Diners Club card enables you to do, according to the information given here.

b) What, are we told, is the advantage of having a second card?

En France comme à l'étranger, DINERS CLUB votre passeport financier.

Une carte de crédit internationale :
vous réglez d'une simple signature dans plus d'un million et demi d'établissements : boutiques, restaurants, hôtels, compagnies aériennes, et ce dans le monde entier.

Des distributeurs et des points de retrait dans le monde entier :
Vous pouvez retirer avec votre carte jusqu'à 4000 F en France par période de 7 jours dans les agences de la BNP, de la BARCLAYS, de la BANQUE WORMS et de CHEQUE POINT. Et à l'étranger, l'équivalent de 1000 $ US en devises locales dans plus de 27,000 distributeurs automatiques au Canada, au Japon, en Angleterre et aux U.S.A. ainsi que dans tous les bureaux Diners Club dans le monde.

Une protection en cas de perte ou de vol :
Il vous suffit de nous téléphoner au (1) 47.62.75 75, vous êtes entièrement protégé contre toute utilisation frauduleuse de votre carte Diners Club.

Une réserve d'argent grâce au crédit permanent :

Diners Club vous offre un crédit de 3.000 à 140.000 F, que vous pourrez utiliser en toute sécurité. Ainsi, vous aurez le choix, chaque mois de régler vos achats en France et dans le monde entier au comptant, en trois versements (avec 45 F de frais forfaitaires) ou à crédit. Si vous souhaitez bénéficier de ce service, il vous suffit de le mentionner sur votre demande de carte.

Votre deuxième carte Diners Club : pour 285 F/an, vous pouvez la faire établir au nom de votre conjoint ou au nom d'un autre membre de votre famille.

8   Reading comprehension

Banques et bureaux de change

Les banques en France sont ouvertes normalement entre 9 h 00 et 16 h 30, du lundi au vendredi. En fin de semaine vous trouverez des bureaux de change qui sont ouverts.

Votre hôtel acceptera généralement de changer des devises et des chèques de voyage, mais à un taux nettement moins favorable. N'oubliez pas de prendre votre passeport.

Pour obtenir de l'argent liquide auprès des banques il faut avoir soit la Carte Bleue, ou la carte Eurochèque avec ses chèques. La carte Euro-chèque permet de retirer 1.400 francs par chèque.

Cartes de crédit

La plupart des hôtels et des restaurants, certaines boutiques et agences de location de voitures accepteront les cartes les plus courantes: Carte Bleue, Diners Club, American Express, Eurocard, Visa, etc. Certaines cartes de crédit permettent aussi d'accéder aux distributeurs de billets.

Chèques de voyage

Il sont acceptés dans les hôtels, les agences de voyages et de nombreux magasins. Mais le taux de change y est invariablement moins favorable que dans les banques. Pensez à prendre vos papiers pour encaisser un chèque.

Paiement en devises

Certains magasins et les grands hôtels acceptent les devises (francs suisses, belges, dollars, pounds sterling, etc.) mais à un taux moins avantageux.

A colleague is making a trip to Paris and wants to know about the different ways of obtaining money. Using the information above, answer his questions.

a) When are banks open over there?
b) Can I use my normal cheques in a bank?
c) What if the banks are shut when I get there? Can you only change travellers' cheques in a bank?
d) Is it worth taking my credit cards?
e) Can I use English money anywhere?

Summary

Phrases

1 Getting things done:
changing money

    Je voudrais changer cent livres en francs

cashing travellers' cheques

    Je veux changer des chèques de voyage

opening a bank account

    Je voudrais ouvrir un compte courant

2 Asking/telling someone to do something

    Passez à la caisse
    Voulez-vous signer ici?

Language forms

1 **Verbs**

a) **The present tense**
pouvoir, to be able (can)

je peux
tu peux
il/elle peut
nous pouvons
vous pouvez
ils/elles peuvent

vouloir, to want

je veux
tu veux
il/elle veut
nous voulons
vous voulez
ils/elles veulent

NB Note the form **je voudrais**, which is a conditional tense and is often used in place of **je veux** for politeness.

mettre, to put

je mets
tu mets
il/elle met
nous mettons
vous mettez
ils/elles mettent

NB The verb **remettre** follows the same pattern.

b) **The future tense**
Note these forms:

vous trouver**ez**	you will find
l'hôtel accepter**a**	the hotel will accept

(See also Unit 7.)

c) **The infinitive**
-er verbs

changer (un chèque)	to cash
disposer (de)	to have at one's disposal
placer	to place
payer	to pay
aider	to help
changer	to change
retirer	to withdraw
simplifier	to simplify
bénéficier	to benefit
gérer	to manage
régler	to settle
rédiger (un chèque)	to write (a cheque)

-ir verbs

garantir	to guarantee

-re verbs

remettre   to pay in (at bank)

Irregular verbs

pouvoir   to be able
être   to be
faire   to do/to make
recevoir   to receive

Verbs which take the infinitive:

i) vouloir

je veux **changer**   I want to change
je voudrais **changer**   I would like to change

ii) pouvoir

pouvoir **retirer**   to be able to withdraw
vous pouvez **retirer**   you can withdraw

iii) désirer

vous désirez **recevoir**   you wish to receive
vous désirez **gérer** votre budget   you wish to manage
                                                 your budget

iv) devoir

je dois payer   I have to pay

Pour + infinitive   in order to

Example: pour **simplifier** la vie   (in order) to make life easier

d) The present participle

This is made from the **nous** form of the present, with the ending **-ant** in place of **-ons**.

Examples: en sign**ant**   by signing
            port**ant** sous votre nom...   bearing, underneath
                                                  your name

            correspond**ant** à chaque   corresponding to each
                type de dépenses   type of expenditure

e) Negatives

ne...plus   not any more, no longer

Example: je **ne** veux **plus**   I no longer want

2 Adjectives
Possessive adjectives

votre   your (with singular noun)

Examples: **votre** banque, **votre** salaire

vos   your (with plural noun)

Example: **vos** allocations familiales

Comparatives
Comparatives are usually formed by the use of the word **plus** in front of the adjective. Note the following irregular form:

bon   good
meilleur   better

3 Adverbs
These are usually formed by adding the ending **-ment** to the adjective.

Example: facile   easy
         facile**ment**   easily

Achats et ventes

Dans la rue

 Claire et Paul se retrouvent (*meet*) en ville. Ils demandent le chemin (*they ask the way*) à une passante.

Paul:	Pardon, Madame. Pouvez-vous nous dire où nous trouverons des magasins pour acheter des cadeaux?
Passante:	Qu'est-ce que vous cherchez comme cadeaux?
Paul:	Eh bien, des parfums, des vins de la région, des cassettes, des vêtements...
Passante:	Eh bien, allez au bout de cette rue, tournez à droite, puis prenez la première rue à gauche. Là vous trouverez les magasins. Pour les parfums et les vêtements, il faut aller aux Nouvelles Galeries. Si vous voulez moins cher, il y a Euromarché. Les vins, vous les trouverez partout.
Paul:	Merci bien, Madame.
Passante:	Je vous en prie, Monsieur.

57

Practice

1 John Davidson is visiting Saumur during a visit to the French *usine*. He wants to buy some presents for his family. Using the information below, which shops might a French colleague suggest to help John Davidson find what he wants?

Example: Je voudrais des cigares pour mon père.
Il faut aller à «La Civette», place Bilange.

Pour ma femme, je voudrais du parfum.
Je voudrais un beau cadeau pour ma fille.
Je voudrais quelque chose pour mon fils aîné; il est très sportif.
Je voudrais un jouet pour mon fils cadet.
Je voudrais de bons vins.

Maison LELOGEAIS
Jouets: Jeux de Société, Peluches ...
6 Avenue du Général de Gaulle – SAUMUR
41 67 78 33

BEAUTÉ-SERVICE
Yvonne FREDET
Parfumerie
ESTEE LAUDER – SHISEIDO – YVES SAINT-LAURENT – DIOR etc
40, rue D'Orléans – SAUMUR – ☎ *41 51 06 39*

SPORT 2000   LACOSTE
TECHNIQUE & TEXTILE SPORT-LOISIRS
tennis, golf, ski, natation, danse, musculation, running, sports d'équipe
Votre magasin SPORT 2000
GT Sport, 11 rue St Jean – 49400 SAUMUR   Tél. 41 51 28 35

CADEAUX – SOUVENIRS   VITRINES A CIGARES CLIMATISÉES
La Civette TABAC
3, Place Bilange (près du Théâtre) **49400 SAUMUR Tél.** 41 51 14 55
Ouvert tous les jours de 7 H 30 à 19 H 30

Prêt à Porter Féminin
Rayon Spécial Grandes Tailles **Madeleine Lambert**
29, Place Bilange – **SAUMUR**   ☎ **41 51 07 86**

CAVES DE GRENELLE

Méthode Champenoise – Méthode traditionnelle

SAUMUR BRUT – MÉTHODE AROMATISÉE:
Pêche Impériale – Poire Impériale – Orange Impériale – Myrtille Impériale

Caves de Grenelle   20 rue Marceau   49400 SAUMUR
Tél. : 41.50.17.63 — Fax: 41.50.83.65

2 Explain to John Davidson how to get to all the shops that have been suggested to him. He is staying at the Hôtel Anne d'Anjou, quai Mayaud.

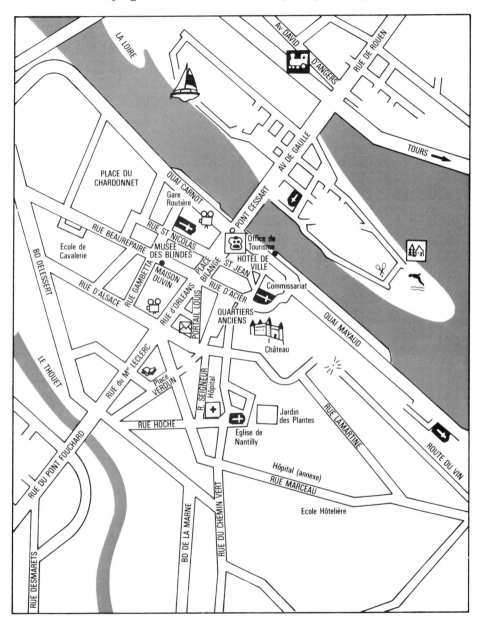

3 Où suis-je?

 Listen to the people speaking on the tape. By following the map above, say where each person is.

Dans un grand magasin

 Paul et Claire font des achats dans un grand magasin.

Paul:	Excusez-moi, je cherche des cassettes laser.
Vendeur:	Le rayon musique est au rez-de-chaussée. Là-bas, juste après l'escalier roulant.
Paul:	Et les livres?
Vendeur:	Au sous-sol. Vous prenez l'escalier roulant, ou l'ascenseur qui est en face de l'escalier.

*   *   *

Vendeuse:	Bonjour, Madame. Est-ce que je peux vous aider?
Claire:	Je cherche un chemisier.
Vendeuse:	C'est pour vous, Madame? Vous faites du combien?
Claire:	En Angleterre je fais du trente-six. Je pense que c'est quarante-deux.
Vendeuse:	Qu'est-ce que vous préférez comme couleur? J'ai ce modèle en bleu, blanc ou rose.
Claire:	Le rose me plaît beaucoup. Je peux l'essayer?
Vendeuse:	Bien sûr. Le salon d'essayage est en face... Cela vous va très bien, Madame.
Claire:	Vous pensez que c'est la bonne couleur? Vous avez une jolie jupe bleu marine en vitrine.
Vendeuse:	Vous voulez l'essayer? C'est votre taille.

Practice

4 A quel rayon...?

With a partner make up conversations like the one between Paul and the salesman, asking where certain items can be found. Use expressions such as: je cherche/je voudrais/où est?/où se trouve/à côté de/juste après/juste avant/au rez de chaussée/au premier étage.

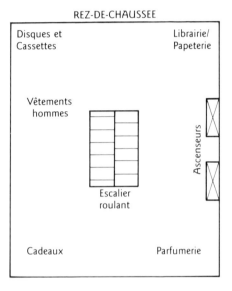

REZ-DE-CHAUSSEE

Disques et
Cassettes

Librairie/
Papeterie

Vêtements
hommes

Ascenseurs

Escalier
roulant

Cadeaux

Parfumerie

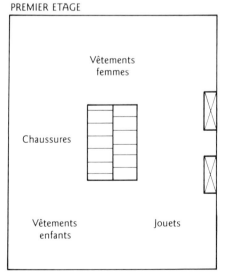

PREMIER ETAGE

Vêtements
femmes

Chaussures

Vêtements
enfants

Jouets

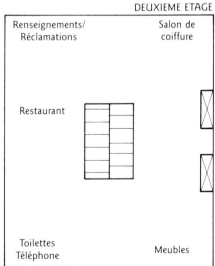

DEUXIEME ETAGE

Renseignements/
Réclamations

Salon de
coiffure

Restaurant

Toilettes
Téléphone

Meubles

5   With a partner make up conversations like the one between Claire and the sales
assistant. Here are some words and expressions to use: un pantalon/une
chemise/une robe/des chaussettes/un collant/une veste.

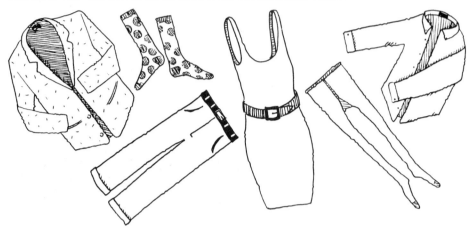

Encolure (chemises hommes):

Anglais	14	$14\frac{1}{2}$	15	$15\frac{1}{2}$	16	$16\frac{1}{2}$	17
Français	36	37	38	39/40	41	42	43

Chaussures (femmes):

Anglais	$4\frac{1}{2}$	5	$5\frac{1}{2}$	6	$6\frac{1}{2}$	7
Français	38	38	39	39	40	41

Costumes (hommes):

Anglais	36	38	40	42	44	46
Français	46	48	50	52	54	56

Robes:

Anglais	10	12	14	16	18
Français	38	40	42	44	46

There are different ways of expressing size in French.

- «Quelle est votre pointure?»
- «Du combien chaussez-vous?»
- «Quelle est votre taille?»
- «Vous faites du combien?»

6 | **La carte Pass**

La carte Pass a deux fonctions. C'est une carte de paiement. Vous n'avez besoin ni d'argent liquide ni de chéquier. Vous présentez tout simplement la carte et en utilisant votre code secret vous pouvez faire jusqu'à 3000 F d'achats par semaine. Elle est aussi une carte de crédit permanent. Contre un remboursement de 150 à 450 F par mois, vous disposez d'un prêt de 3000 F à 9000 F.

Find the French for:
cheque book
payment card
cash
purchases
credit card
repayment
loan.

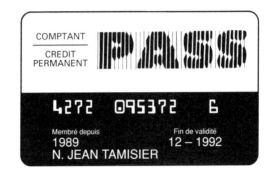

Explain how the carte Pass works.

7 Using the text below, explain Carrefour's customer service policy in the following circumstances:

a) The customer changes his/her mind
b) The product is found to be faulty
c) The customer finds the same product cheaper elsewhere
d) The store offers the same product on promotion after the customer's purchase.

Le saviez-vous?

Délai de réflexion : si vous regrettez un achat, Carrefour vous le rembourse dans un délai de quarante-huit heures.

Mauvais fonctionnement : Carrefour échange l'appareil dans un délai de quarante-huit heures.

Moins cher ailleurs : si vous trouvez le même appareil moins cher dans votre département, Carrefour rembourse la différence dans un délai de trente jours après la date d'achat.

Promotions après coup : si dans le mois qui suit votre achat, Carrefour fait une promotion concernant le même appareil, il vous en fait bénéficier.

8 L'alimentation

Read the dialogue below, then using the price labels and vocabulary you have
learnt make up similar dialogues with a partner.

Vendeur: Bonjour. Vous désirez?
Client: Un kilo de pommes, s'il vous plaît.
Vendeur: Ça fait 12 F 60. Et avec ça?
Client: Une livre de bananes. Ça fait combien?
Vendeur: Ça fait 16 F 25 en tout.
Client: Merci.
Vendeur: Merci, au revoir.

9 Reading comprehension

Des codes mystérieux?

Le code utilisé pour indiquer la date de fabrication des conserves devient plus clair. Autrefois, les codes étaient très compliqués. Depuis le 8 septembre 1980, les conserves doivent comporter une date d'utilisation optimale formulée de cette manière: «A consommer dans un délai de...années» ou «consommer avant fin...» La durabilité de ces boîtes peut varier de deux ans pour les salsifis, trois ans pour les haricots verts, et cinq ans pour les choux de Bruxelles, haricots blancs et petits pois.

a) How would you be able to tell the freshness of tinned food you bought in France?

b) Pick out the names of all the vegetables mentioned.

10 Philip Johnson est propriétaire d'une fabrique de chapeaux en Angleterre. Il a reçu une lettre d'une entreprise en France. Le représentant d'une société d'importation viendra en Angleterre. Voici la lettre.

Saint-Avertin
le 15 mars 199–

Messieurs

Nous sommes importateur direct en chapeaux (cérémonie et mariée...). Nous visitons et sommes implantés sur toute la France. Pour compléter notre gamme de produits, nous cherchons de nouveaux fabricants.

Pourriez-vous nous expédier une brochure ou des photos de vos produits avec un tarif afin de connaître vos articles et envisager un rendez-vous lors de notre prochain voyage en Grande-Bretagne.

Dans l'attente de vous lire,

Veuillez agréer, Messieurs, nos salutations distinguées.

Monsieur Y...

Philip a répondu à la lettre. Au bout de quelques semaines, il a reçu une réponse.

Saint-Avertin
le 03 mai 199–

Monsieur

Nous accusons réception de votre lettre du 28 mars 199–. Dans votre courrier, vous nous dites que vous avez envoyé des échantillons de vos chapeaux, mais à ce jour, nous n'avons toujours rien reçu.

Nous vous informons de notre passage dans vos locaux pour le mercredi 23 mai le matin vers 9 h 00.

Dans l'attente de vous rencontrer.

Nous vous prions d'agréer, Monsieur, nos salutations distinguées.

Monsieur Y...

With the help of a dictionary, as necessary, translate both these letters.

Find the expressions which mean:
- We acknowledge receipt of your letter
- Yours faithfully.

Write a reply to the second letter on Philip's behalf:
- Thank Monsieur Y for his letter
- Say you are sending some samples
- Say you are looking forward to meeting him on 23 May
- Close your letter.

11 Listening comprehension

 Monsieur Y's visit to Philip Johnson's firm was a success and Monsieur Y later telephoned to place an order for some goods. For each item, write down the colour, product number and price.

These are some words to help you: blanc/noir/gris/vert/bleu/rouge/jaune/rose/écru/marron.

Summary

Phrases

1	Asking for information	Pouvez-vous nous dire
2	Giving directions	Il faut aller
		En sortant d'ici
		en face de
		à côté de
3	Asking for something in a shop	Je voudrais
		Je cherche
4	Asking about price	Ça fait combien?
5	Serving a customer	Vous désirez?
		Est-ce que je peux vous aider?
		Qu'est-ce que vous cherchez?
6	Asking someone's opinion	Vous pensez que...?
7	Paying a compliment	Cela vous va très bien

Language forms

1 Verbs

a) Present tense: irregular verbs

faire, to do/make

je fais
tu fais
il/elle fait
nous faisons
vous faites
ils/elles font

b) The future tense

This is formed by adding the endings **-ai, -as, -a, -ons, -ez, -ont** to the infinitive of the verb.

i) -er verbs

Example: trouver

je trouver**ai**	I will find
tu trouver**as**	you will find
il/elle trouver**a**	he/she will find
nous trouver**ons**	we will find
vous trouver**ez**	you will find
ils/elles trouver**ont**	they will find

ii) -ir verbs

Example: choisir
je choisir**ai**, etc.

iii) -re verbs

Example: prendre
je prendr**ai**, etc.

iv) Irregular verbs

Example: venir

je viendr**ai**, etc.

NB Note the form: **ils étaient**, which means 'they were'. This is the imperfect tense. Another example is: **Saviez-vous?**, 'Did you know?'.

c) Impersonal verbs

Example: il faut aller   I/you/he/she/we/they must go

Note that the literal meaning of this is: 'it is necessary to go'.

2 Negatives

ne + verb + **ni** + noun + **ni** + noun   neither...nor

Example: Je **ne** veux **ni** l'un **ni** l'autre.

3 Nouns
The partitive article

du, de la, des   some

Examples: **du** vin   some wine
           des cadeaux   some presents

NB Before an adjective, **de** is used.

Examples: **de** bons vins   some good wine
           de nouveaux modèles   some new models

4 Adjectives
Comparatives

moins cher   less expensive

Bonne route

A la station-service

Au mois de janvier, Claire est enfin arrivée en France avec sa voiture. Elle s'est arrêtée dans une station-service pour faire le plein (*to fill up with petrol*).

Claire: Le plein, s'il vous plaît.
Pompiste: Normal, super ou sans plomb?
Claire: Super, s'il vous plaît.
Pompiste: Vous voulez que je vérifie l'huile et l'eau?
Claire: Oui, s'il vous plaît.
Pompiste: ...Vous n'avez besoin ni d'huile, ni d'eau.
Claire: Bon. Je vous dois combien, alors?
Pompiste: Alors, l'essence, ça fait 163 francs.
Claire: Voilà un billet de 500 francs. Je suis désolée. Je n'ai pas de monnaie. Vous me donnez un reçu, s'il vous plaît?
Pompiste: Bien sûr. Voilà, Madame. Au revoir et bonne route.

Practice

1 Here are some other reasons for stopping at a petrol station:
- faire les révisions
- laver la voiture
- essuyer le pare-brise
- faire des réparations

- vérifier les freins
- vérifier l'huile
- vérifier l'eau
- vérifier la pression des pneus.

Paul, too, stops at a garage. Complete his conversation with the attendant.

Paul:	(Ask for 100 Francs worth of petrol.)
Pompiste:	Normal, super ou sans plomb?
Paul:	(Ask for unleaded.)
Pompiste:	Vous voulez que je vérifie l'huile et l'eau?
Paul:	(Ask him to check the oil and tyre pressures and to clean the windscreen.)
Pompiste:	Voilà. C'est fait. Ça fait 100 francs pour l'essence.

2 With a partner, using the phrases and vocabulary above, make up different conversations asking for services in a garage.

3 Study the advertisements for garages below.

Where would you go if you wanted:
a) Security engraving on your car windows
b) A car service
c) Spare parts at discount for your car
d) Repairs to a caravan?

POLE POSITION

41.43..48.00
DES PIÈCES DÉTACHÉES
NEUVES A PRIX DISCOUNT
221, Route d'Angers (face Leroy Merlin) ANGERS

CARAVANING LOISIRS SAUMUROIS
MAGASIN PIÈCES DÉTACHÉES
TOUTES MARQUES
ATELIER RÉPARATIONS
"Le Fleuret"   **49400 SAUMUR NORD**   **Tél. 41 67 83 73**

**Centre de Contrôle
et d'expertise automobile**
Contrôle véhicules + 5ans • Contrôle sécurité
Contrôle partiel • Marquage ANTIVOL (agréé par les assurances)
CCEAA – Z.I. Beaucouzé – Tél. 41.73.25.50

Ets FOURNIER Fils
RADIATEUR AUTOMOBILE
NEUF – ÉCHANGE – RÉPARATION
TATOUAGE SÉCURITÉ AUTO
176, rue Bellevue – 49400 SAUMUR   Tél 41 67 31 31

4 Match the French phrases with the corresponding road signs.

a) virage à droite
b) chaussée glissante
c) circulation dans les deux sens
d) endroit fréquenté par les enfants
e) sens interdit
f) interdiction de tourner à droite à la prochaine intersection
g) accès interdit aux véhicules affectés au transport de marchandises
h) arrêt et stationnement interdits
i) chaussée rétrécie

5 La conduite par mauvais temps

Lorsqu'il pleut, la chaussée devient glissante, et la visibilité est réduite. Il faut:
● Réduire sa vitesse: par temps de pluie, l'adhérence des pneus est diminuée de moitié
● Augmenter la distance de sécurité
● Allumer ses feux.

L'adhérence des roues sur la neige et le verglas est très faible. Il faut réduire sa vitesse, augmenter la distance de sécurité et allumer les feux de croisement.

Le brouillard réduit sensiblement la visibilité. Il faut:
● Adapter sa vitesse à la visibilité
● Augmenter la distance de sécurité
● Garder le bord droit de la chaussée
● Ne pas effectuer de dépassement; ne pas s'arrêter ni doubler sur la chaussée
● Allumer ses feux de croisement.

Par temps de vent, il faut garder le bord de droite, et augmenter la distance quand on dépasse un autre véhicule.

Which are the words for different types of weather and what do they mean?

6 Location de voitures

Les nombreuses agences parisiennes proposent des voitures de marques françaises et étrangères. Les agences locales offrent en principe (*in theory*) des tarifs plus avantageux que les agences internationales; mais vous devrez généralement rendre la voiture là où vous l'avez louée, et non dans une autre ville.

Vous devrez présenter un permis de conduire valable et une pièce d'identité. L'âge minimum peut être fixé à vingt et un ou à vingt-cinq ans. On vous demandera une caution substantielle, formalité dont vous serez normalement exempté si vous êtes détenteur d'une carte de crédit reconnue.

Say whether the following statements are true or false.

a) In Paris you can only hire French cars.
b) Local firms are cheaper than national ones.
c) You can always take the car back to another town if it is more convenient.
d) You only need to produce a driving licence.
e) The minimum age for hiring a car is variable.
f) You have to pay a substantial deposit unless you hold a recognised credit card.

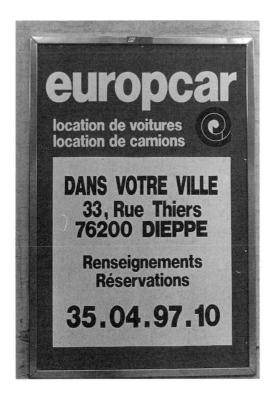

7 L'Assurance GAC

GAC est le Groupement des Assurances Carrefour. Voici la protection que la société offre à ses clients:

Outre la protection juridique et le paiement mensuel, le GAC vous propose un certain nombre de services complémentaires qui vous faciliteront la vie lors de vos différentes démarches.

Imaginez un instant que vous tombiez en panne en pleine nuit sur une petite route de campagne. Assurés au GAC pas de panique. Un coup de téléphone suffit pour que le remorqueur-dépanneur vienne vous secourir. Il est agréé par notre groupement et se tient à votre disposition 24 heures sur 24. Option: remorquage-dépannage.

Lorsque votre véhicule est immobilisé, le GAC peut encore vous dédommager des frais de location, d'un autre véhicule, en vous allouant une somme correspondant à la moyenne des tarifs en vigueur. Option: prêt de véhicule. L'expertise préalable fait également partie de ces services supplémentaires. Sur simple demande, les hôtesses établiront un devis en fonction de vos biens ou de votre voiture. Vous obtiendrez des réponses à toutes vos questions en leur rendant visite au magasin.

a) Explain the situations in which GAC can help.
b) Describe how they can help.
c) With a partner make up a dialogue asking for help in one of these situations.

A la douane

 Derek Jackson, a lorry driver, is coming over to France from England with parts for the Thompson factory.

Douanier:	Bonjour, Monsieur. Vos papiers, s'il vous plaît.
Derek:	Oui, les voilà. Permis de conduire, carte grise et certificat d'assurance.
Douanier:	Oui. C'est correct. Vous avez votre passeport?... Bon. Vous allez où?
Derek:	A Angers. Je livre des marchandises pour l'entrepôt.
Douanier:	Vous n'avez rien à déclarer?
Derek:	Rien du tout.
Douanier:	Bon. Il faut que je fouille votre chargement. Voulez-vous garer votre camion là-bas s'il vous plaît?
Derek:	Mais, c'est pas vrai! Vous en avez pour longtemps?
Douanier:	Quinze minutes, maximum.

Practice

8 You and a colleague arrive at customs in your car. Complete the conversation.

Douanier:	Bonjour. Vos passeports s'il vous plaît.
Vous:	(Hand him your passports.)
Douanier:	Vous allez où?
Vous:	(Say you are going to Paris. Say it's a business trip.)
Douanier:	Vous n'avez rien à déclarer?
Vous:	(Say you have some cigarettes and a bottle of whisky.)
Douanier:	Il faut que je fouille votre voiture. Garez-vous là-bas s'il vous plaît.
Vous:	(Say you have a meeting at two o'clock. Ask if it will take long.)
Douanier:	Non. Dix minutes, maximum.

9 La vie d'un routier

 A colleague is explaining the regulations governing the pattern of work and rest which are obligatory for an HGV driver. Listen to what he says and note down:

* The maximum number of consecutive hours of driving time
* The minimum rest period
* The maximum number of driving hours per day
* The number of times a week this can be exceeded, and by how much
* The number of consecutive days of driving allowed
* The number of hours rest per twenty-four hours.

10 Les papiers

Parmi les papiers qu'il faut présenter à un contrôle, il y a les suivants:

- Permis de conduire accompagné du certificat attestant l'achèvement d'une formation de conducteur de transport routier.
- Carte grise du véhicule, carte grise de la semi-remorque pour un véhicule articulé, carte grise de toute remorque d'un PTAC (poids total autorisé en charge) supérieur à 500 kg.
- Attestation d'assurance du véhicule, de la semi-remorque et de toute remorque d'un PTAC supérieur à 500 kg.
- Vignette.

You are responsible for making sure your drivers have the documentation they need to take goods abroad. According to the above information, which documents would you need to check?

11 Paul has stopped to ask for directions. A motorist has broken down nearby. He is talking to the breakdown mechanic (*dépanneur*). Listen to their conversation.

a) What has happened to the motorist?
b) What is going to happen?

12 Reading comprehension

Conduire en France

Pour entrer en France avec une voiture immatriculée à l'étranger, il vous faut:
- Un permis de conduire valable
- Un certificat d'immatriculation du véhicule
- Un indicateur de nationalité (autocollant)
- Un triangle de panne et des ampoules de rechange.

La carte verte n'est pas obligatoire, mais une assurance tous risques est fortement recommandée.

Le port de la ceinture de sécurité est obligatoire. A partir du 1er décembre 1990, le port de la ceinture à l'arrière est obligatoire sauf pour les vieilles voitures qui ne sont pas équipées de ceinture arrière. La nuit, il faut utiliser les feux de croisement. Les enfants de moins de dix ans doivent voyager à l'arrière.

Règles de circulation

En ville, la vitesse est limitée à 50 km/h. Près des quartiers piétonniers il y a une limite de 30 km/h. A Paris la vitesse est limitée à 80 km/h sur le périphérique. Ailleurs, la limite de vitesse est 90 km/h sur route, 110 km/h sur piste à double voie, et 130 km/h sur autoroute. En cas de pluie, ces limitations sont réduites de 10 km/h.

Stationnement

A Paris, le stationnement pose un grand problème. Il y a des parkings souterrains, signalés par de grands «P» sur fond bleu. Les parcmètres traditionnels sont très répandus; il y a aussi des zones où on achète son ticket et le place derrière le pare-brise. Dans les «zones bleues» (vous les reconnaissez grâce à la bande bleue peinte sur les panneaux de signalisation), il faut posséder un disque de stationnement. Vous les obtenez dans les stations-service. Attention! Les amendes peuvent être lourdes. Si votre voiture gêne la circulation, vous risquez de la trouver muni d'un sabot de Denver (une cale fixée à la roue qui immobilise la voiture). Dans ce cas, vous devrez vous rendre au commissariat, et payer une forte somme.

a) What documents would you need in order to take your car to France?

b) Would you need any extra equipment?

c) Your friends have third party insurance, and want to take their car to France. What advice would you give them?

d) What general rules would you have to follow?

e) What speed limits would you have to respect, on what types of road and in what conditions?

f) What would you have to look out for if you were in Paris and wanted to park your car?

g) What kind of penalties are there for causing an obstruction?

Summary

Phrases

1	Expressing disbelief and anger	Mais c'est pas vrai (ce n'est pas vrai)
2	Asking how long something will take	Vous en avez pour longtemps?
3	Asking if someone wants something doing	Vous voulez que je...
4	Expressing need	J'ai besoin de...
5	Wishing someone a good journey	Bonne route
6	Asking how much you have to pay	Je vous dois combien?
7	Asking if something will take long	Vous en avez pour longtemps?

Language forms

1 **Verbs**

a) **Present tense: regular verbs**

se rendre (to go) is a regular **-re** reflexive verb.

je **me** rend**s**
tu **te** rend**s**
il/elle **se** rend
nous **nous** rend**ons**
vous **vous** rend**ez**
ils/elles **se** rend**ent**

Present tense: irregular verbs

devenir, to become

je deviens
tu deviens
il/elle devient
nous devenons
vous devenez
ils/elles deviennent

Note that **devenir** follows the same pattern as **venir**, as does **obtenir**.

connaître, to know (people, places)

je connais
tu connais
il/elle connaît
nous connaissons
vous connaissez
ils/elles connaissent

Note that **reconnaître**, to recognise, behaves in the same way.

b) Future tense: irregular verbs

être, to be

je serai, etc.

devoir, to have to

je devrai, etc.

c) Perfect tense: irregular verbs

reconnaître

j'ai reconnu, etc.

The perfect tense with **être**: a few verbs form the perfect with **être** instead of **avoir**.

je suis
tu es
il/elle est ⎫
nous sommes ⎬ + past participle
vous êtes ⎭
ils/elles sont

The past participle behaves like an adjective.

Example: Claire est arrivé**e** (feminine singular)

Other verbs which behave in the same way are listed in the grammar summary at the back of the book.

The perfect tense of reflexive verbs is also formed with **être**.

Example: s'arrêter

je **me suis** arrêté(e)
tu **t'es** arrêté(e)
il **s'est** arrêté
elle **s'est** arrêtée
nous **nous sommes** arrêté(e)s
vous **vous êtes** arrêté(e)(s)
il **se sont** arrêtés
elles **se sont** arrêtées

d) The subjunctive

The subjunctive is a form of the verb used in certain constructions. It is formed from the present participle with the endings **-e**, **-es**, **-e**, **-ions**, **-iez**, **-ent** replacing the ending **-ant**.

vérifier, to check

je vérifi**e**
tu vérifi**es**
il/elle vérifi**e**
nous vérif**ions**
vous vérifi**ez**
ils/elles vérifi**ent**

Irregular forms

venir, to come

je vienne
tu viennes
il vienne
nous venions
vous veniez
ils viennent

Expressions followed by the subjunctive include:
vouloir que

Example: Voulez-vous que **je vérifie** l'huile?
              Would you like me to check the oil?

imaginer que

Example: Imaginez que **vous tombiez** en panne.
                 Imagine you broke down.

il faut que

Example: Il faut que **je fouille** votre chargement.
                 I will have to search your load.

pour que

Example: ...pour que le remorqueur-dépanneur **vienne**.
                 ...for the tow truck to come.

e)   The imperative
When telling someone to do something, the **vous** form of the verb is used.
With reflexive verbs the reflexive pronoun must be included after the verb.
Example: Garez-**vous** là-bas.
                 (literally: park yourself over there)

f)   Infinitive of reflexive verbs
The infinitive of the reflexive verb is preceded by the reflexive pronoun.

Example: Vous devrez **vous rendre** au commissariat.

2   Negatives
ne...rien   nothing

3   Pronouns
Object pronouns

With the perfect tense, pronouns are placed in front of the verb, not the past
participle.

là où vous **l'**avez louée   where you hired it

l' replaces **la voiture**; the word should be **la**, but the final vowel is lost because
it precedes another vowel.

Relative pronouns

qui }
que }   which

Examples: Un certain nombre de services **qui** vous faciliteront la vie.
Voici la protection **que** la société offre à ses clients.

Qui is a subject pronoun: it normally comes before a verb. **Que** is a direct object pronoun, and is followed by a noun.

de + qui = dont

Example: ...formalité **dont** vous serez normalement exempté

4 Adjectives
Comparatives
Note the regular form using **plus** followed by the adjective.
plus avantageux

5 Prepositions
muni **de**
grâce **à**
signalés **par**
accompagné **de**

Si on allait à Paris?

Faire des projets

 Un week-end, Guy Lamarque, un collègue, a proposé à Paul d'aller faire un tour à Paris. Ils ont décidé d'y aller en train. Ils ont d'abord parlé des endroits à visiter, et de leur programme pour la journée.

Guy: C'est la première fois que vous venez en France? Vous connaissez Paris?
Paul: Non, je n'y suis jamais allé.
Guy: Si on y allait un samedi? On peut faire les coins touristiques: l'Arc de Triomphe, les Champs Elysées, la Place de la Concorde. Ça vous dit?
Paul: Ce sera très intéressant.
Guy: Vous aimez les musées? Ils sont fermés le mardi, mais ils sont ouverts le week-end.
Paul: Ça coûte cher, la visite?
Guy: Ça dépend. Entre 15 et 30 francs. Le soir, on pourra aller au cinéma et manger au restaurant.
Paul: Ça me plaira énormément.

Practice

1   With a partner, study this information about places to visit and talk about where you might go if you were spending a day in Paris.

These are some expressions to use:
- Je vous conseille d'aller
- Je vous propose
- Si on allait
- Pourquoi pas visiter...?
- Il faut absolument le voir.

COMMENT FAIRE?	QUE VOIR?
BASTILLE • Prendre le bateau CANAUXRAMA au port de l'Arsenal (départ 10 h).* • Vous êtes pressés : au M° Jaurès, prendre la navette (1/2 h). Départ toutes les heures quai de la Loire sur le Bassin de la Villette.	**BASTILLE** Place de la Bastille Opéra de la Bastille Promenade de 3 h sur le canal St-Martin jusqu'au Parc de la Villette. Voûtes de la Bastille Ponts tournants et écluses Bicyclub Canal de l'Ourcq
CH. DE GAULLE-ETOILE • Prendre la ligne 6, direction Nation par Denfert. • Descendre à Trocadéro.	**CH. DE GAULLE-ETOILE** *Arc de Triomphe △ Champs Elysées
TOUR EIFFEL • Prendre le 69 à Champ de Mars-Suffren. Descendre à Solférino-Bellechasse.	**TOUR EIFFEL** Champ de Mars
PONT NEUF • Descendre à Pont Neuf.	**PONT NEUF** Pont Neuf-Croisière sur la Seine
QUARTIER LATIN ou St-Michel ou Eglise St-Sulpice ou Place du 18 Juin 1940.	**QUARTIER LATIN** Ile de la Cité. Marché aux fleurs. *Concierge-rie △ *Ste-Chapelle *Notre-Dame Bd St-Michel *Musée Delacroix Couvent des Cordeliers △ Bd St-Germain

2 Using this information about opening times of museums and evening activities, work out a programme for your day.

Les Musées

Le Louvre, ancien palais royal, est le musée le plus célèbre du monde. Vous y trouverez la Joconde de Léonard de Vinci, la Vénus de Milo, et des antiquités égyptiennes et orientales. Il est ouvert le jeudi, samedi et dimanche de 9 h à 18 h, le lundi et mercredi de 9 h à 21 h 45, et fermé le mardi.

Beaubourg — le Centre national d'Art et de Culture Georges Pompidou — est ouvert de 12 h 00 à 22 h 00 en semaine et de 10 h 00 à 22 h 00 le week-end et les jours fériés. Il est connu à cause de son architecture moderne. A l'intérieur, vous trouverez une bibliothèque d'information, un laboratoire de recherche musicale, et le musée national d'art moderne.

Les Spectacles

Paris offre un grand choix de distractions le soir.

Si vous aimez danser, il y a beaucoup de discothèques. Parmi les boîtes les plus à la mode, il y a le Keur Samba, 79 rue La Boétie (métro Saint-Augustin). Si vous aimez le jazz, il y a plusieurs clubs, comme le New Morning, 7–9 rue des Petites Ecuries (métro Château d'Eau). Pour l'opéra, allez au Châtelet, et pour les pièces de théâtre à la Comédie Française (métro Palais-Royal). Quant au cinéma — il y a un choix de 250 films!

Voyager en métro

 Paul: J'ai pris le métro seulement une fois, en décembre, le jour de mon arrivée en France. C'est le même système que le métro de Londres?

Guy: Ça marche comment à Londres?

Paul: Eh bien, on trouve la ligne et on prend la direction: est-ouest, ou nord-sud. Pour les correspondances, il faut suivre les panneaux qui indiquent le nom de la ligne.

Guy: A Paris ce n'est pas tout à fait pareil. On suit la direction de la station au bout de la ligne. Par exemple: nous sommes à Montparnasse; nous allons d'abord au Louvre; la station s'appelle justement Musée du Louvre — c'est très pratique — donc il faut prendre la direction Porte de Clignancourt jusqu'à Châtelet, puis la direction Pont de Neuilly jusqu'au Louvre. On y va? A propos...vous saviez qu'on peut voyager en première ou deuxième classe?

Practice

3 Paul et Guy ont choisi leur programme pour la journée. Voici ce qu'ils vont faire.

   a) Visite au musée du Louvre.
   b) Métro à la Place de la Concorde: déjeuner sur les Champs Elysées.
   c) Après-midi: bateau-mouche du pont de l'Alma à Notre Dame.
   d) La cathédrale de Notre Dame (métro: Cité).
   e) Cinéma au quartier Latin, et dîner à un restaurant sur le boulevard Saint-Michel (métro: Saint-Michel).
   f) Retour.

Using the information given, and the plan of the metro on page 22, work out what journeys Paul and Guy would have to make if they went everywhere by metro.

4 Work out a similar plan based on your own conversation and programme for your day in exercises 1 and 2.

5 Listen to the commentary which Paul and Guy heard on their trip on the *bateau-mouche*. In what order do you hear the names of these places?

Châtelet   la Cathédrale de Notre Dame
les Invalides   le Musée du Louvre
l'Hôtel de Ville   le Pont Neuf
les Tuileries   le Musée d'Orsay

Bateau-mouche sur la Seine

6 **Quel temps fera-t-il?**

Avant de partir, Paul a jeté un coup d'œil sur la météo dans le journal. Voici le bulletin qu'il a trouvé. Est-ce qu'il va faire beau pour sa sortie?

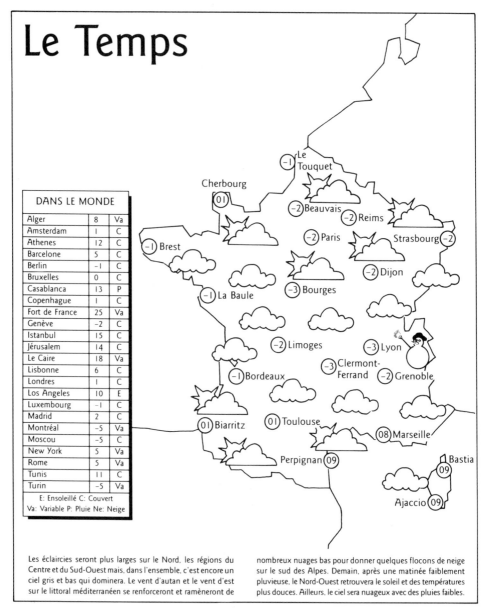

Le Temps

DANS LE MONDE		
Alger	8	Va
Amsterdam	1	C
Athènes	12	C
Barcelone	5	C
Berlin	-1	C
Bruxelles	0	C
Casablanca	13	P
Copenhague	1	C
Fort de France	25	Va
Genève	-2	C
Istanbul	15	C
Jérusalem	14	C
Le Caire	18	Va
Lisbonne	6	C
Londres	1	C
Los Angeles	10	E
Luxembourg	-1	C
Madrid	2	C
Montréal	-5	Va
Moscou	-5	C
New York	5	Va
Rome	5	Va
Tunis	11	C
Turin	-5	Va
E: Ensoleillé C: Couvert		
Va: Variable P: Pluie Ne: Neige		

Les éclaircies seront plus larges sur le Nord, les régions du Centre et du Sud-Ouest mais, dans l'ensemble, c'est encore un ciel gris et bas qui dominera. Le vent d'autan et le vent d'est sur le littoral méditerranéen se renforceront et ramèneront de nombreux nuages bas pour donner quelques flocons de neige sur le sud des Alpes. Demain, après une matinée faiblement pluvieuse, le Nord-Ouest retrouvera le soleil et des températures plus douces. Ailleurs, le ciel sera nuageux avec des pluies faibles.

7

You are on holiday in Nice, and you are trying to decide whether to go for a drive or go to the cinema for the afternoon. Listen to the weather report. What would you decide to do and why?

8 Reading comprehension

TRANSPORTS A PARIS

Autobus

Le service d'autobus de la RATP est efficace et très étendu, mais pas toujours rapide à cause de la circulation. Il est particulièrement pratique pour la banlieue. Les arrêts sont signalés par des panneaux rouges et jaunes avec le numéro de la ligne. La plupart des bus circulent de 7 h du matin à 20 h 30; certains roulent jusqu'à minuit et demi. Selon le trajet, vous paierez 1, 2 ou 3 tickets, que vous pouvez acheter dans le bus.

Métro

Le métro parisien est l'un des plus efficaces et des plus propres du monde. C'est aussi l'un des meilleurs marché (*cheapest*). Les lignes de RER (Réseau Express Régional) relient les banlieues au centre de la ville en un temps record.

Vous pouvez acheter des tickets de métro à l'unité (5 francs), ou par carnets de dix (31, 20 francs). Les billets pour le RER sont un peu plus chers.

Le premier train de métro part à 5 h 30, le dernier vers une heure du matin.

Taxi

Vous pouvez héler un taxi, ou le prendre à une station. Vous paierez non seulement le prix indiqué par le taximètre, mais aussi un tarif qui est affiché sur la fenêtre du taxi, par exemple, un supplément pour les bagages. En moyenne, vous paierez 258 F le kilomètre.

Using the information above, what means of transport would you recommend to Paul for his day out in Paris. Why?

Summary

Phrases

1 Making suggestions

Je vous conseille d'aller
Je vous propose
Si on allait
Pourquoi pas visiter...?
Il faut absolument le voir

2 Saying you would like to do something

Ça me plaira énormément

3 Asking if someone would like to do   Ça vous dit?
something

4 Comparing and contrasting   Ce n'est pas tout à fait pareil

Points of the compass
nord, sud, ouest, est

Language forms

1 Verbs

a) Present tense: irregular verbs
suivre, to follow

je suis
tu suis
il/elle suit
nous suivons
vous suivez
ils/elles suivent

b) Future tense: irregular verbs
faire, to do/make

je ferai, etc.

payer, to pay

je paierai, etc.

pouvoir, to be able/can

je pourrai, etc.

NB Note the form **vous saviez?** which is an imperfect tense, meaning
'Did you know?'

c) Constructions with verbs
proposer **à** quelqu'un **de faire** quelque chose

Example: Il a proposé **à** Paul **d'aller** faire un tour.

décider de + infinitive

Example: Ils ont décidé **d'y aller** en train.

conseiller de + infinitive

Example: Je vous conseille **d'y aller**.

d) Negatives

ne...jamais   never

2 Pronouns

y replaces a phrase beginning with **à** or one indicating place. It precedes the verb.

Example: Je n'**y** suis jamais allé.

In this sentence **y** replaces the phrase **à Paris**.

Other examples:

On **y** va.
Si on **y** allait un samedi.

3 Adjectives
Superlatives

These are formed by using **le/la/les plus** in front of the adjective.

le plus célèbre du monde   the most famous in the world

Note also the following:
l'un des plus efficaces et plus propres   one of the most efficient and cleanest

In this context **l'** has no meaning; it is purely a convention of style.

4 Expressions of time

le lundi	on Mondays
en semaine	during the week
le week-end	at weekends
le soir	in the evening

En cas de maladie...

Rendez-vous chez le médecin

Paul ne se sentait pas bien. Avant d'aller voir le médecin il a téléphoné pour prendre rendez-vous.

Paul:	Bonjour. Je voudrais prendre rendez-vous aujourd'hui.
Réceptionniste:	Un instant s'il vous plaît... Pouvez-vous venir à dix heures et demie?
Paul:	Oui, ça ira.
Réceptionniste:	Quel est votre nom?
Paul:	Smith.
Réceptionniste:	Ça s'écrit comment?
Paul:	S–M–I–T–H.
Réceptionniste:	Vous êtes anglais?
Paul:	Oui.
Réceptionniste:	Vous avez une assurance médicale?
Paul:	Oui.
Réceptionniste:	La consultation coûtera 90 francs. Vous vous ferez rembourser plus tard.

Chez le médecin

Médecin:	Alors, qu'est-ce que vous avez?
Paul:	Eh bien, j'ai mal à la tête et un peu de fièvre. J'ai mal à la gorge depuis quelques jours.
Médecin:	Et vous toussez?
Paul:	Oui, un peu.
Médecin:	C'est une grippe. Je vous donne une ordonnance pour des antibiotiques à prendre trois fois par jour et un sirop pour la toux.

Mais faites attention. Le sirop vous endormira un peu. Ne conduisez surtout pas si vous avez sommeil. Prenez aussi des fortifiants, par exemple de la vitamine C.

Paul: D'accord.

Médecin: Bon. Je vais remplir une feuille de maladie. Allez à la Sécurité sociale pour vous faire rembourser.

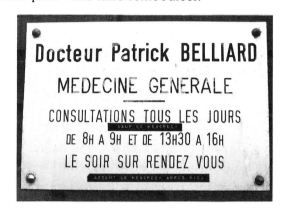

Docteur Patrick BELLIARD

MEDECINE GENERALE

CONSULTATIONS TOUS LES JOURS
SAUF LE MERCREDI
DE 8H A 9H ET DE 13H30 A 16H
LE SOIR SUR RENDEZ VOUS
ABSENT LE MERCREDI APRES MIDI

Practice

1 With a partner, make up a similar conversation using the table below to help you.

J'ai mal	à la tête à la gorge au ventre aux dents	depuis	une semaine. ce matin. hier.
J'ai	de la fièvre.		
Je suis	enrhumé(e).		
Prenez	des aspirines des antibiotiques des comprimés du sirop des gélules		deux fois par jour. avant/après les repas. le soir.

2 Listen to the recording of calls received by a doctor's receptionist.

a) Write down the names of the people.

b) In each case, note the day and time for the appointment.

3 Which of the medicines below might be prescribed for the following illnesses?
- a sore throat
- bad toothache
- indigestion
- a chest infection
- a stomach upset

Aspirine UPSA

Comprimés effervescents
Indications:
- états grippaux
- douleurs dentaires
- migraines

Maalox
Comprimés
Indications:
- gastrites
- dyspepsies
Posologie:
1 à 2 comprimés à sucer ou à croquer après les repas

---

ercéfuryl 200
nifuroxazide
Comprimés
Indications:
le traitement des diarrhées
Posologie:
- durée du traitement selon prescription médicale

---

oropivalone
bacitracine
Comprimés
Indications:
- laryngites
- angines
Posologie:
laisser fondre, sans croquer, 4 à 10 comprimés par jour

Oracéfal
Gélules à 500 mg
Indications:
- Infections respiratoires
Posologie:
2 g par jour
3 g à 4 g pour les infections plus sévères
avaler les gélules avec un peu d'eau

4 What would the dosage be for each of the medicines?

5 Garder la pleine forme au cours d'une journée de travail

Read the text below and then find the words for the following parts of the body:

- palms of hands
- fingers
- legs
- back
- feet
- hands
- head

- arms
- neck
- ankles
- ear
- elbows
- shoulders
- forearms

Trocs de « trucs »

Il suffit parfois de quelques « trucs » pour retrouver de bonnes habitudes et un dos droit, non douloureux, signe de bonne santé et d'épanouissement psychique.

Au téléphone
Pour éviter de courber votre colonne vertébrale et de tirer sur la nuque du côté de l'oreille collée au combiné, placez tout simplement une pile de livres ou de revues sous vos coudes.

A la machine à écrire
Pour ne pas trop arrondir votre dos, vos épaules et la nuque, placez quelques annuaires ou un petit banc sous vos pieds : cela suffit à tout redresser. N'oubliez pas, quand vous lisez assis, de placer vos avant-bras bien à plat jusqu'aux coudes.

Au bureau
Dos calé à la chaise, entre-croisez les doigts, paumes en l'air. Abaissez les doigts le plus bas possible. Tendez les jambes à l'horizontale, pointes vers vous. Votre dos vous « remerciera ».

Au volant
Dans la voiture, mains sur le haut du volant, pieds à plat sous les pédales, repoussez fort les pieds et les mains en rentrant ventre et menton : finies les crampes. A l'extérieur, les pieds sur le bas de la caisse, les mains accrochées au toit, les paumes dirigées vers le ciel, tendez les jambes et baissez la tête le plus bas possible. C'est une mise en tension globale des bras, nuque, dos, fessiers, jambes et chevilles.

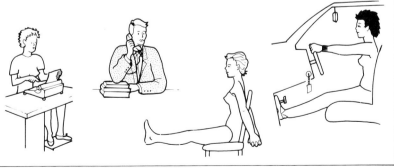

6 At the chemist's, while waiting for his prescription, Paul overheard several
 conversations. Note down in each case:
   • What is wrong with the patient
   • What kind of medicine is prescribed
   • What instructions are given about dosage.

7 **Comment se fait soigner un Britannique, malade ou victime d'un
accident en France?**

Le formulaire E111, qu'on fait remplir par sa caisse d'assurance maladie avant
de partir en voyage, répond à cette question depuis de nombreuses années. Il
donne accès à l'hospitalisation et aux médicaments sans frais dans toute la
communauté. Cela ne vous empêche de vous prémunir d'un contrat
complémentaire (type Europe Assistance) qui prévoit le rapatriement.

a) Why is it an advantage to have the form E111?
b) Why is it a good idea to have extra medical insurance?

Un accident

 En traversant la France, Derek Jackson a été témoin d'un accident entre le
chauffeur d'une voiture et un garçon à moto. Il s'est arrêté pour aider les blessés.
Il a parlé au chauffeur qui est descendu de sa voiture.

Derek:	Qu'est-ce qui s'est passé?
Chauffeur:	Eh bien, le garçon a pris le tournant sans regarder. Je n'ai pas pu m'arrêter. J'ai glissé et j'ai heurté le réverbère. Lui, il est tombé de sa moto. Il ne bouge plus.
Derek:	Il ne faut pas le déplacer. Il faut appeler le SAMU. Et vous? Vous n'êtes pas blessé?
Chauffeur:	Eh bien, j'ai mal au bras. J'ai tourné un peu vite le volant et je me suis tordu le poignet. Ma femme n'est pas blessée, heureusement, mais elle souffre du choc. La voiture est bien abîmée quand même.
Derek:	Restez-là. Je vais appeler l'ambulance.

Practice

8 Explain what happened in this accident.

9 Derek has read the following section from the Highway Code which explains what to do in the case of an accident.

Alerter les secours

La survie d'un blessé dépend pour une large partie de la rapidité d'intervention des secours.
- On alerte de toute urgence, au moyen du téléphone le plus proche:
    - la police (en ville) ou la gendarmerie (en rase campagne) en appelant le 17.
    - les pompiers si nécessaire en appelant le 18.
    - le SAMU en appelant le 15.
- Pour permettre une localisation rapide et une organisation efficace des secours, on indique:
    - en ville: le nom de la rue, le numéro de l'immeuble le plus proche
    - en rase campagne: des repères tels que les bornes kilométriques, les carrefours, les panneaux de direction, etc.
    - la nature de l'accident (dégâts matériels, blessés)
    - les véhicules impliqués: voitures de tourisme, camion, motocyclettes, etc.
    - le nombre des blessés et leur état apparent (respiration, hémorragie), les risques particuliers éventuels: chaussée encombrée, incendie, etc.
    - A défaut de téléphone, on demande à un autre usager de donner l'alerte.

Match the French with its English equivalent:

les pompiers	signposts
des repères	damage to property
les bornes kilométriques	injured
les panneaux de direction	breathing
les dégâts matériels	the fire service
blessé	involved
impliqué	blocked road
la respiration	a fire
chaussée encombrée	milestones
un incendie	landmarks

Find the expressions which mean:
- by means of
- the nearest
- possible risks.

10   Now explain what the expected procedure is for calling the emergency services in case of a road accident in France.

11   Using information from the conversation, from the Highway Code text and the sketch of the accident below, prepare what Derek would have to say, in French, when calling the emergency services.

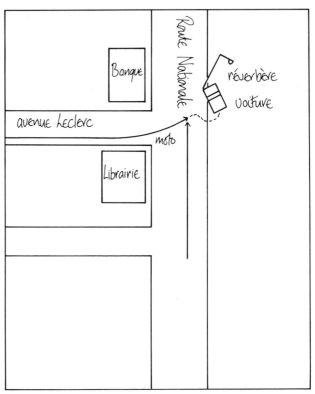

12 Secourir les blessés

Des gestes simples et non dangereux, quand ils sont correctement exécutés permettent d'attendre l'arrivée des secours organisés:
– il faut éviter de déplacer le blessé, sauf nécessité absolue (risque d'incendie par exemple); il faut éviter de le tirer par les membres.
– il faut libérer ses voies respiratoires en desserrant le col et la ceinture.
– il faut l'allonger en basculant la tête avec précaution.
– il faut couvrir le blessé et le réconforter.

According to the information given here, how should one look after a person hurt in an accident, while waiting for the ambulance?

Summary

Phrases

1	Making an appointment	Je voudrais prendre rendez-vous
2	Describing illness	J'ai mal à la tête/à la gorge, etc.
3	Asking what is wrong with someone	Qu'est-ce que vous avez?
4	Asking someone to spell a word/name	Comment ça s'écrit?
5	Getting something done: explaining that someone will get a refund	Vous vous ferez rembourser
6	Expressing duration: Saying you have had a sore throat for a few days	J'ai mal à la gorge depuis quelques jours

Language forms

1 Verbs

a) The present tense: regular -ir verbs

remplir, to fill

je rempl**is**
tu rempl**is**
il/elle rempl**it**
nous rempl**issons**
vous rempl**issez**
ils/elles rempl**issent**

b) Constructions with verbs

empêcher **de** faire quelque chose

Example: Cela ne vous empêche **de** vous prémunir...

répondre **à** + noun

Example: Répond **à** cette question.

dépendre **de** + noun, to depend on

Example: La survie dépend **de** la rapidité.

demander **à** quelqu'un **de** faire quelque chose

Example: On demande **à** un autre usager **de** donner l'alerte.

se faire + infinitive, to get something done

Examples: **Vous vous ferez** rembourser.   You will be refunded.
Le formulaire qu'**on fait remplir...** The form one gets filled in...

laisser + infinitive, to leave/let

Example: laisser fondre   leave to dissolve

avant de + infinitive, before (doing)

Example: avant d'aller   before going

Constructions with **depuis**

Examples: **J'ai** mal à la gorge (present tense) **depuis** quelques jours.
I have had a sore throat for a few days.

La formulaire E111 **répond à** cette question **depuis** de nombreuses années.
The E111 has been answering this question for a number of years.

c) The imperative
faire

Faites attention   Be careful

2 Adjectives
tel/telle/tels/telles que   such as

3 Expressions of time
Expressing frequency
3 fois **par jour**   3 times per day

Au boulot!

Conversation avec un futur client

 Paul a commencé son travail. Il a pris contact avec plusieurs clients, et il essaie d'en trouver d'autres. Il leur a déjà téléphoné, mais le chef des achats est souvent absent.

Telephone rings.

Réceptionniste: Allô. Société Dupont. J'écoute.
Paul: Bonjour. Pourrais-je parler au chef des achats, s'il vous plaît?
Réceptionniste: De la part de qui?
Paul: De Paul Smith de la société Thompson France.
Réceptionniste: Je suis désolée. Le chef des achats est absent.

101

Paul:	Quand est-ce que je pourrai le joindre?
Réceptionniste:	Pas avant demain matin malheureusement.
Paul:	Bon. Je rappellerai demain matin. Merci, Madame. Au revoir.
Réceptionniste:	Au revoir, Monsieur.

*   *   *

Telephone rings.

Réceptionniste:	Legrand et Compagnie, bonjour.
Paul:	Bonjour. Pourrais-je parler au chef des achats, s'il vous plaît? A propos, comment s'appelle-t-il?
Réceptionniste:	Il s'appelle Monsieur Martin. C'est de la part de qui?
Paul:	De Monsieur Paul Smith de la société Thompson France.
Réceptionniste:	Je suis désolée. Monsieur Martin est en réunion.
Paul:	Pourrais-je parler à son adjoint, alors?
Réceptionniste:	Malheureusement, pas avant cet après-midi.
Paul:	Bon. Je rappellerai plus tard. Merci, Madame. Au revoir.
Réceptionniste:	Au revoir.

Practice

1 You want to speak to the marketing manager (*responsable du marketing*) at the Société Michaud to introduce your company. Complete the dialogue.

Réceptionniste:	Société Michaud, bonjour.
Vous:	(Ask to speak to the marketing manager and ask what her name is.)
Réceptionniste:	Elle s'appelle Madame Michel. C'est de la part de qui?
Vous:	(Say who you are and where you are from.)
Réceptionniste:	Je suis désolée, Monsieur/Madame. Madame Michel est absente aujourd'hui.
Vous:	(Ask when you can contact her.)
Réceptionniste:	Malheureusement, pas avant demain matin.
Vous:	(Say you will call back tomorrow morning. Thank her and say goodbye.)

2 Paul parle avec un client qu'il connaît très bien. Il lui a parlé plusieurs fois.

Paul:	Salut, Jean-Pierre. Ça va?
Jean-Pierre:	Ça va très bien. Et toi?
Paul:	Très bien. Tu as passé un bon week-end?
Jean-Pierre:	Impeccable.

Paul:	Comment vont les affaires? Tu as reçu notre catalogue?
Jean-Pierre:	Oui. Je l'ai bien reçu.
Paul:	Alors, qu'est-ce que tu vas commander? Je te propose notre dernier modèle...
Paul:	Allez, merci, Jean-Pierre. A bientôt. Bonne journée.

You are telephoning one of your French customers whom you know well. How would you say these things:
- Ask her how she is
- Ask if she had a good weekend
- Ask if she received your catalogue
- Ask if she wants to order anything
- Tell her you will ring tomorrow
- Close by saying, 'See you tomorrow' – in French.

Here are some more phrases you may find useful:

- A la prochaine
- A tout à l'heure
- A un de ces jours
- A bientôt
- A la semaine prochaine
- A demain

- Bon week-end
- Bonne soirée
- Bonne journée
- Merci
- Merci à vous
- Merci infiniment.

3 With a partner make up some chatty telephone conversations using the above phrases.

4 Paul a décidé de préparer une description de l'entreprise pour la présenter aux nouveaux clients. La voici.

> Est-ce que vous nous connaissez? Notre entreprise s'appelle Thompson France. Nous fabriquons et vendons en gros des pièces pour les machines industrielles. Nous pouvons garantir une livraison rapide et des remises avantageuses.

5 A number of salespeople leave messages on the answering machine at Thompson France. Listen to the tape and in each case make a note of:
- The name of the company
- Their address and/or telephone number
- A contact name
- The service they are offering.

6   Paul is compiling a file of contacts. He uses a standard form to record details of companies he has contacted. It looks like this:

COMPANY PROFILE

Company name ....

Address ....

Telephone number ....

Fax number ....

Contact name ....

Current suppliers ....

Current discount ....

When he is telephoning a French contact, what questions will he have to ask so he can fill in the details for his file?

Example: Quel est le nom de votre société?

Here are some words to help you:
- télécopieur
- fournisseur actuel
- nom
- remise

- Qui?
- Quel?
- Quelle?

Entrevue avec une future employée

 Claire est en train d'interviewer des candidats pour des postes dans son entreprise. La première candidate s'appelle Fabienne Maréchal, et elle cherche un poste de secrétaire. Voici une partie de l'entrevue.

Claire: Pourquoi voulez-vous travailler pour nous?

Fabienne: Je fais actuellement un travail de secrétaire sténodactylo. Je fais plutôt un travail de sténo. J'ai une formation de secrétaire. Comme j'ai un peu d'expérience je voudrais faire quelque chose de plus intéressant, prendre plus de responsabilité.

Claire: Connaissez-vous notre entreprise?

Fabienne: Oui, j'ai obtenu des renseignements sur vos activités en Angleterre.

Claire: Vous savez que nous sommes une société anglaise. Verrez-vous un inconvénient à partir en déplacement en Angleterre de temps en temps?

Fabienne: Non, pas du tout. J'aimerais voyager.

Claire: Quelles langues étrangères parlez-vous?

Fabienne: Je parle anglais et espagnol.

Claire: Vous savez que nous venons de nous implanter en France. Il y a beaucoup de travail en ce moment. Seriez-vous disposée à faire des heures supplémentaires?

Fabienne: Aucun problème.

Claire: Avez-vous des questions à me poser?

Practice

7 Make up some questions for Fabienne to ask. These are the things she would like to know about:
- les horaires de travail
- la rémunération
- les vacances.

8 Etude du poste

```
1  Fonction générale

Titre: Secrétaire
Lieu de travail: Angers

2  Description de l'activité

- prises de rendez-vous
- réservations d'hôtels et de billets d'avion
- classement
- frappe de documents confidentiels
- traductions
- facturation

3  Conditions offertes:

Rémunération: 8.500 F par mois

Horaires: 39 heures par semaine; 8 h 30 à 17 h 30 (16 h 30 le vendredi)

Vacances: 5 semaines par an
```

Using the job description above, match the job functions with their English equivalents:

- typing confidential documents
- reserving hotels and plane tickets
- invoicing
- filing
- translating
- arranging appointments.

9   Voici la demande de poste de Fabienne.

```
CURRICULUM VITAE


Etat Civil

Nom:                            MARECHAL

Prénom:                         Fabienne

Date de naissance:              24 juin 1964

Situation de famille:           célibataire

Adresse:                        39 rue du Marché, Meudon


Diplômes obtenus

1983 : BAC A5
1985 : B.T.S. Option Secrétariat de Direction


Langues lues, parlées et écrites

Anglais, espagnol


Expérience professionnelle

Du 28 septembre 1985 à ce jour :     Secrétaire sténodactylo
                                     bilingue chez C.D.F.G.
                                     Nanterre

Juillet à septembre 1985 :           Secrétaire dactylo chez
                                     Ballot, boulevard
                                     Haussmann, Paris

Du 21 avril au 26 juin 1985 :        Stage de cours d'études
                                     effectué à Renault-Etoile,
                                     boulevard Péreire, Paris
```

Write your own CV in French, following the format above.

10   This is the letter Fabienne received following her interview.

Angers, le 22 janvier 199–

Madame,

Comme suite à notre entretien du 20 janvier, nous avons le plaisir de vous préciser les conditions de votre engagement, sous réserve de votre agrément, à compter du 1er mars.

Vous exercerez les fonctions de secrétaire. Vous vous conformerez à l'horaire de travail de notre entreprise, à savoir : lundi à jeudi de 8 h 30 à 17 h 30 ; vendredi de 8 h 30 à 16 h 30.

Votre salaire mensuel sera fixé à 8.500 F. Vous bénéficierez des congés payés, soit 5 semaines par an.

Chacun aura la possibilité de mettre fin au contrat, à charge de prévenir l'autre de ses intentions par lettre recommandée avec accusé de réception au moins un mois à l'avance.

Nous vous prions de nous confirmer votre accord sur les termes de la présente lettre en nous retournant avant le 29 janvier la copie jointe sur laquelle vous aurez indiqué la date et porté votre signature.

Veuillez agréer, Madame, nos sentiments distingués.

Claire Stevens

C. Stevens

Translate the letter into English.

11 Reading comprehension

L'Europe et le travail: Comment sera l'avenir?

Sera-t-il permis d'ouvrir librement un commerce, en Belgique ou ailleurs?

Ça l'est déjà, suivant le principe de libre établissement. C'est particulièrement facile en Belgique où il ne faut pas de licence. Cela vaut également pour les franchises qui sont appelées à se développer très rapidement: les règlements communautaires prévoient des contrats de franchise dans un esprit de libre concurrence.

A la fin de ses études de droit, un jeune avocat français, pourra-t-il s'installer au Luxembourg?

Non. Il faut un diplôme luxembourgeois.

Sans qualification, peut-on espérer un salaire minimum garanti en allant travailler dans un pays étranger?

Cette notion est définie par la loi en France (SMIC) et en Espagne. Dans certains pays comme la Belgique, le salaire minimum est régi par des conventions collectives corporatistes. D'autres états n'ont aucune de ces notions. De même, la Sécurité sociale et les allocations familiales relèveront toujours des politiques nationales.

What possibilities and limitations would there appear to be as far as working elsewhere in Europe is concerned?

Summary

Phrases

Expressions used on the telephone

1	Asking for the person you want to speak to	Pourrais-je parler à...s'il vous plaît?
2	Announcing yourself	Bonjour. Ici...de la société...
3	Saying who is calling	C'est de la part de...
4	What to say when the person you want to speak to isn't there	Puis-je laisser un message? Quand est-ce que je peux le joindre? Puis-je parler à son adjoint?
5	Saying you will call back	Je rappellerai
6	Giving a time to call back	demain/plus tard

7 Greeting someone (familiar/ informal)	Salut, ça va?
8 Taking leave of someone/closing a phone call	A la prochaine A tout à l'heure A un de ces jours A bientôt A la semaine prochaine A demain
9 Wishing someone good day	Bonne journée
10 Wishing someone good evening	Bonne soirée
11 Wishing someone a good weekend	Bon week-end
12 Expressing thanks	Merci/Merci à vous/Merci infiniment
13 Clarifying a statement	C'est-à-dire que

Phrases used in correspondence

1 Further to our interview	Comme suite à notre entretien
2 The enclosed copy	La copie jointe
3 Would you kindly confirm	Nous vous prions de nous confirmer
4 Yours faithfully	Veuillez agréer, Madame, nos sentiments distingués
Asking if someone would be prepared to do something	Seriez-vous disposé à...? Verrez-vous un inconvénient à...?

Language forms

1 Verbs
a) The present tense
i) Regular -re verbs
vendre, to sell

je vend**s**
tu vend**s**
il/elle vend
nous vend**ons**
vous vend**ez**
ils/elles vend**ent**

ii) Irregular verbs

savoir, to know (information)

je sais
tu sais
il/elle sait
nous savons
vous savez
ils/elles savent

b) The future tense: irregular forms

rappeler, call back

je rappellerai, etc.

relever, to raise

je relèverai, etc.

voir, to see

je verrai, etc.

c) The immediate past

This is expressed with venir de + infinitive

je viens
tu viens
il/elle vient   } + infinitive
nous venons
vous venez
ils/elles viennent

Example: Nous **venons de** nous **implanter** en France.
        We have just set up in France.

d) The perfect tense: irregular forms

obtenir, to obtain

j'ai obtenu

recevoir, to receive

j'ai reçu

e) The conditional tense

Note the conditional form of pouvoir: **Pourrais-je** means 'Could I?', and is used for politeness.

Note also the conditional form of être:

Seriez-vous?   Would you be?

f) The passive

This is formed, as in English, with the appropriate tense of **être** and a past participle.

Examples: Cette notion **est définie** par...   This idea is defined by...

Le salaire minimum **est régi** par...   The minimum salary is regulated by...

g) Negatives

ne...aucun/aucune   not one

ne...personne   no-one

h) Constructions with verbs

téléphoner à quelqu'un   to telephone someone

2 Pronouns

a) Direct object pronouns

me	me
te	you
nous	us
vous	you

Like the pronouns **le/la/les**, these are placed before the verb.

Example: Vous **nous** connaissez?   Do you know us?

b) Indirect object pronouns

me	(to) me
te	(to) you
nous	(to) us
vous	(to) you

lui	(to) him/her
leur	(to) them

Examples: Avez-vous des questions à **me** poser?   Have you any questions to ask (to) me?

Je **te** propose...   I suggest (to you)...

Il **lui** a parlé plusieurs fois.   He has spoken to him several times.

Il **leur** a déjà téléphoné.   He has already telephoned (to) them.

en

en replaces words preceded by du/de la/des.

Example: Il essaie d'**en** trouver d'autres.   He tries to find some more of them.

c) Pronouns with the infinitive
pour la présenter   to introduce it

d) Emphatic pronouns

moi	nous
toi	vous
lui	eux
elle	elles

These are used for emphasis and after prepositions.

Examples: Ça va? — Oui, ça va, et **toi**?
                Merci à **vous**.
                Pourquoi voulez-vous travailler pour **nous**?

3 Adjectives
Irregular forms
ce/cet (masculine singular)
cette (feminine singular)   this
ces (masculine & feminine plural)   these

ce is used with a masculine noun, unless the noun begins with a vowel; in this case **cet** is used.

Possessive adjectives
son/sa/ses   his/her

The possessive adjective agrees with the noun, whether masculine or feminine, and does not indicate the gender of the possessor.

Paul a commencé **son** travail.   Paul has begun his work.
Claire a commencé **son** travail.   Claire has begun her work.

notre (masculine & feminine singular)
nos (masculine & feminine plural)   our

Note the expression **quelque chose de plus intéressant**: something more interesting (or lucrative).

4 Questions
Pourquoi?   Why?

Dossiers

A l'agence de tourisme

You work for a travel firm which acts as an agent for private individuals and companies. You work in the section which handles arrangements for clients travelling to French-speaking countries. You have been assigned the clients below to deal with.

- A business woman travelling alone needs hotel accommodation in Paris. She wants a room with a bath, in a comfortable hotel with its own restaurant.
- A company organising a promotion event in Belgium. They will need to reserve rooms for 30 people, one conference room to hold 250 people, and smaller conference rooms to hold up to 50 people. Parking facilities are essential. They will need to know about the catering facilities of any hotel you nominate.
- A family looking for a holiday in a French-speaking part of the world other than France. They do not want a package holiday, but are looking for accommodation which offers plenty of activities. They will welcome suggestions.

Study the extracts from hotel brochures on the following pages and prepare a memo for your manager, where appropriate making your recommendations as to what bookings should be made for your clients and supplying any information asked for.

114

novotel

 EN CENTRE VILLE

 CHAMBRES AVEC LIT DOUBLE

 PETIT DEJEUNER BUFFET

 PARKING EXTERIEUR NON CLOS

 PISCINE

 TELEVISION (EQUIPEMENT TOTAL)

 DU CENTRE VILLE

 CHAMBRES AVEC LITS JUMEAUX

 RESTAURANT GRILL

 PARKING EXTERIEUR CLOS

 PISCINE COUVERTE

 TELEVISION (EQUIPEMENT PARTIEL)

 TELEPHONE

 CHAMBRES AVEC LIT DOUBLE ET CANAPE-LIT

 «LA ROTISSERIE»

 PARKING COUVERT GRATUIT

 TENNIS

 VIDEO

 TELEX

 CHAMBRES POUR HANDICAPE

 RESTAURANT TRADITIONNEL

 PARKING COUVERT PAYANT

 EQUITATION

 DIRECTEUR

 SALLES DE REUNION

 BAR

 NAVETTE GRATUITE AVEC L'AEROPORT

 GOLF(S) DANS UN RAYON DE 25 KM MAX

 NOMBRE DE CHAMBRES

 SUITES

 novotel évasion

 NAVETTE PAYANTE AVEC L'AEROPORT

 NIGHT-CLUB DISCOTHEQUE

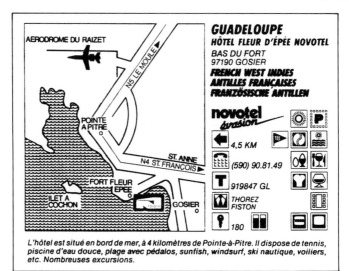

GUADELOUPE
HÔTEL FLEUR D'ÉPÉE NOVOTEL

BAS DU FORT
97190 GOSIER

FRENCH WEST INDIES
ANTILLES FRANÇAISES
FRANZÖSISCHE ANTILLEN

4,5 KM

(590) 90.81.49

919847 GL

THOREZ FISTON

180

L'hôtel est situé en bord de mer, à 4 kilomètres de Pointe-à-Pitre. Il dispose de tennis, piscine d'eau douce, plage avec pédalos, sunfish, windsurf, ski nautique, voiliers, etc. Nombreuses excursions.

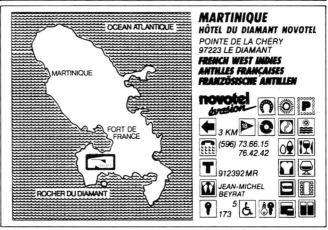

MARTINIQUE
HÔTEL DU DIAMANT NOVOTEL

POINTE DE LA CHÉRY
97223 LE DIAMANT

FRENCH WEST INDIES
ANTILLES FRANÇAISES
FRANZÖSISCHE ANTILLEN

3 KM

(596) 73.66.15
76.42.42

912392 MR

JEAN-MICHEL BEYRAT

173   5

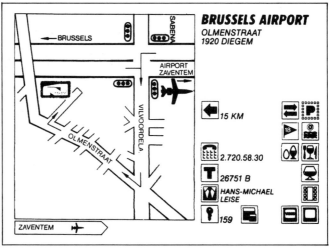

BRUSSELS AIRPORT

OLMENSTRAAT
1920 DIEGEM

15 KM

2.720.58.30

26751 B

HANS-MICHAEL LEISE

159

| TELEPHONE | TELEX | PARKING NON PAYANT | NOM DU DIRECTEUR | SALLES DE REUNIONS |

| PARKING PAYANT | NOMBRE DE CHAMBRES | CHAMBRES HANDICAPES | RESTAURANT | BAR |

Réservations

Directement auprès de l'hôtel choisi, par téléphone, courrier ou télex.

D'hôtel, à hôtel, en s'adressant à la réception. Cette prestation est gratuite.

Les réservations sont maintenues jusqu'à 19 heures si aucune heure d'arrivée tardive n'est mentionnée. Il est conseillé de confirmer sa réservation le jour de son arrivée.

En France, il est possible de garantir sa réservation en précisant votre numéro de carte de crédit, Eurocard ou Visa.

Séminaires
En formule ou à la carte... Chez Ibis, réservez votre séminaire aussi facilement qu'une chambre d'hôtel.
Trois formules de base plus la vôtre:

Journée de travail: quelques heures ou plus dans une salle bien adaptée au travail en groupe, repas ou collation servi en salle ou au restaurant.

Séminaire confort: séminaire traditionnel. Les repas sont servis dans un salon ou au restaurant. Séminaire avec table campagnarde, buffet de viandes froides, légumes, fromages et vin.

Gratuités
Le choix d'être ensemble. Un enfant de moins de 12 ans dort gratuitement dans les hôtels Ibis lorsqu'il partage la chambre de ses parents.

Handicapés
Pour une meilleure possibilité de circuler... Dans la plupart des hôtels Ibis quelques chambres sont spécialement conçues pour recevoir les personnes handicapées.

Liège

CENTRE OPÉRA
41, PLACE DE LA RÉPUBLIQUE FRANÇAISE
4000 LIEGE BELGIQUE

 80

Dans Centre Commercial

Paris Xe *République*

9, RUE LEON JOUHAUX
75010 PARIS
TÉL. (1) 240.40.50 TELEX 214 571

 Patrick Legrand

 66

 A proximité
Close by
In der Nähe

 A proximité
Close by
In der Nähe

Calme et central, près de Notre Dame et des Grands Boulevards du Marais et du quartier des affaires. Métro: République.

5 mn des gares de l'Est et du Nord. 10 mn des gares de Lyon et Austerlitz.

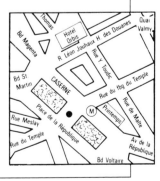

LES CARACTÉRISTIQUES DES HÔTELS SOFITEL

Que vous soyez sportif, flâneur ou touriste, les hôtels Sofitel vous proposent, selon les cas :
● de profiter de la piscine, du sauna, des tennis et des diverses possibilités de loisirs à l'hôtel ou à proximité (golf, équitation, sports nautiques, sports d'hiver...) ;
● de passer la soirée à la discothèque ou au casino, ou simplement de vous détendre en prenant un verre au bar.

Quelques Sofitel sont situés dans de hauts lieux touristiques : Val d'Isère, Marrakech, la Polynésie ou l'Afrique de l'Ouest. Porticcio et Quiberon offrent en outre la possibilité de faire une cure de détente et de thalassothérapie.

 Location de voitures   Liaison gratuite avec l'aéroport   Sauna

 Boutiques   Piscine   Gymnase

 Agence de voyage   Tennis   Chambre pour handicapé

 Garage payant   Golf

 Parking gratuit   Planche à voile

FRANCE
PARIS

Hotel Sofitel Bourbon
32, rue Saint-Dominique
75007 Paris
Tél. : (1) 555.91.80
Oct. 85 : 4.555.91.80
Télex : 250 019

Directeur : M.-A. Potier

Au calme en plein Paris, à 100 m des Invalides et 200 m des quais de la Seine, tout près de la Place de la Concorde. Ambiance raffinée.

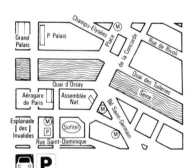

112 CHAMBRES
(dont 4 appartements), entièrement redécorées. Salle de bains (6 chambres avec douche), radio, TV couleurs, téléphone, mini-bar.

BELGIQUE

BRUXELLES

Hotel Sofitel Brussels Airport
Bessenvéldstraat 15
B-1920 Diegem - Belgium
Tél. (32) (2) 720.60.50
Télex : 26 595

Directeur : B. Hummel

*Près de l'aéroport international.
Navette gratuite.*

125 CHAMBRES
dont 5 suites.
Salle de bains, radio, TV couleurs,
(15 programmes + films hôtel),
téléphone direct,
mini-bar.

RESTAURANTS ET BAR
"Diedeghem" : grande carte et
spécialités.
"Green Corner" : repas rapides et
soignés, ouvert du matin au soir.
"Golden Bar" : bar d'ambiance
avec terrasse-piscine.

10 SALONS RÉUNIONS ET RÉCEPTIONS
de 4 à 700 personnes.
Équipememt complet pour
conférences, congrès...
Traduction simultanée.

HÔTEL CLIMATISÉ ET INSONORISÉ

LOISIRS
Piscine chauffée intérieure/
extérieure, solarium, sauna, jardin
intérieur.

MAROC

MARRAKECH

Hotel Sofitel Marrakech
Avenue du Président Kennedy
Marrakech - Maroc
Tél. (212) (4) 346.26
Télex : 72 026 et 72 059

Directeur : J.-P. Claude

*A proximité de la Koutoubia, à
2,5 km de la Place Djemaa-el-Fna,
au cœur d'un parc privé de 3,5 ha
aux arbres centenaires, hôtel 5 étoiles.*

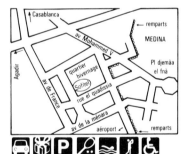

293 CHAMBRES
dont 8 suites et 3 chambres pour
handicapés, 75 chambres avec loggia.
Salle de bains, radio, TV vidéo,
téléphone, mini-bar.

RESTAURANTS ET BARS
"Laddah" : restaurant grande carte.
"Chahoua" : repas simples et rapides.
"El Boustane" : grill buffet autour
de la piscine.

"N'Zaha" : tente caïdale dans le
jardin, restaurant marocain
(ouverture en saison).
"Le Sania" : bar d'ambiance.
"Le Derbouka" : club discothèque.

7 SALONS RÉUNIONS ET RÉCEPTIONS de 50 à 750 m^2.

HÔTEL CLIMATISÉ

LOISIRS : 2 piscines (1 pour les
enfants). Hammam. Salles de jeux
et de gymnastique. 2 tennis en
terre battue, éclairés. Possibilité de
golf 18 trous (9 km), équitation à
proximité. Boutiques.

Au bureau

 You work for a branch of a French company in Britain. During the course of a week your firm received a number of answerphone messages in French. It is your job to see that they are dealt with. Listen to the messages on the tape, decide who should deal with them, and prepare a memo to that person giving them full details.

These are the people in your company.

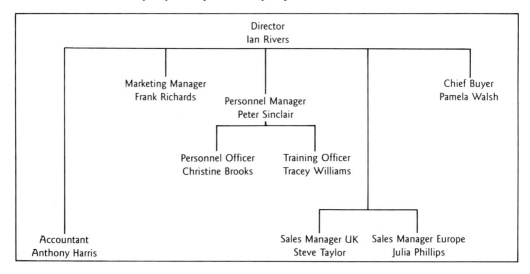

Use this model for your memo in each case.

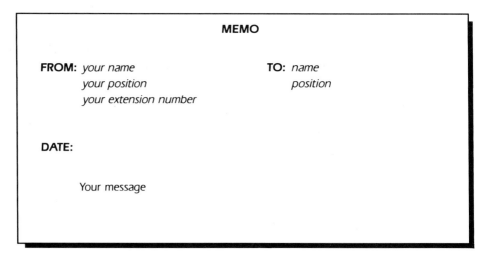

Accident á l'usine

 You are working in Belgium in the personnel department of a subsidiary of a British manufacturing company. A shop floor worker has sustained injury, and you are required to make a report. You speak to witnesses and the injured worker. Listen to the recordings of the conversations.

Write up a report, in English, including the following information:
- The date of the accident
- Who was injured
- How they were injured
- What their injuries are
- What action was taken.

Campagne de vente

You work as a member of a telephone sales team with a UK-based company which distributes computer software (logiciels). The company has started exporting to France and is planning a trip to Paris to visit some prospective clients. You are responsible for some of the preparation for the visit.

1 Prepare how you will introduce your company. Below is part of your standard introductory letter in English. Select the most important points to convey in French over the telephone.

> Dear...
>
> ABC Distributors is a distributor of software throughout the UK and Europe. Our success is based on our reputation for reliable and efficient delivery. Our catalogue contains over 5 000 titles.
>
> Our computerised order processing means we can normally offer a next-day delivery service.
>
> For more information, or to place an order, call us on 081 745 6789.
>
> Yours sincerely,

(It will help you to know that the French translation of next day is *le lendemain*.)

2 These are a couple of your contacts.

You telephone the company concerned.
- Say you want to speak to the buyer
- Find out his/her name
- Say you are going to be in Paris on 3 and 4 May.
- Ask for an appointment. Suggest a time to see him/her.

Carry out the conversations with a partner. Then write a fax to confirm your visit.

3 You arrive at the airport to pick up your ticket. With a partner imagine the conversation.
- Give your name
- Ask for your ticket
- Give your flight number (AF123).

4 You arrive at the reception of the company and announce yourself. With a partner imagine the conversation. You will need to say:
- Your name
- Who you have a meeting with
- At what time.

A la recherche d'un emploi

For each job advertisement identify:
- What the job is
- What kind of person the company is looking for
- How you should apply.

For one of the jobs, prepare a letter of application and a CV. Use the model overleaf to compose your covering letter.

Monsieur/Messieurs

Comme suite à En réponse à Je me réfère à	votre annonce parue dans l'Express du (*date*).

J'ai l'honneur de poser ma candidature à Je pose ma candidature pour	l'emploi de... le poste de...

Je m'appelle... J'ai...ans, et je suis marié(e)/célibataire. J'ai été employé(e) à... Je suis étudiant(e) à...

J'ai l'honneur de vous adresser ci-inclus	mon curriculum vitae.	
Veuillez trouver ci-joint	certificats	concernant mes emplois précédents. délivrés par mes patrons successifs.

Dans l'attente de votre réponse

Veuillez agréer Je vous prie d'agréer	Monsieur/Messieurs,	l'expression de mes salutations distinguées.

In response to your application, you receive the following letter.

Paris, le 4 juin

Monsieur/Madame

Nous avons bien reçu votre lettre pour un poste de...

Nous avons le plaisir de vous annoncer que votre curriculum vitae a attiré toute notre attention.

Toutefois, un entretien approfondi en nos bureaux serait souhaitable et ce si possible avant le 30 juin.

Nous vous saurions donc gré de nous contacter afin de convenir d'un rendez-vous.

Dans l'attente du plaisir de vous recevoir,

Veuillez agréer, Monsieur/Madame, l'expression de nos sentiments distingués.

Marie Lasalle

M. Lasalle

These are some of the questions you anticipate you will be asked at the interview. Prepare your answers to them.
- Que faites-vous actuellement?
- Quel aspect de votre travail vous plaît le plus?
- Quels sont vos buts dans la vie?

Prepare, in French, some aspects of the job you might want to ask about. For example:
- date d'embauche
- lieu de travail
- horaires de travail
- possibilités de formation
- avantages
- responsabilités
- salaire
- déplacements

Implantation en Grande Bretagne

You are acting as an agent for a French firm which is setting up a branch in the UK. They have asked you:

- To recommend office premises
- To give them a description of communications in your area: rail links, airports, motorways (*autoroutes*).

You recommend the offices described below. Prepare a specification in French. You do not need to supply a translation, but you will need to give all the relevant information. They will need prices in francs (see exchange rate in Unit 6 or look in a newspaper).

OFFICE SUITES TO LET

Luxury office suites in modern town centre building available inclusive of:

Furniture, Heating, Lighting, Reception, Cleaning, Parking, Electricity. Additional facilities include telex, fax, typing, photocopying.

Immediate occupation.

OFFICE J1	£185.00 per month
OFFICE J2	£255.00 per month
OFFICE J3	£255.00 per month
OFFICE J4	£350.00 per month
OFFICE J5	£399.00 per month
OFFICE J6	£200.00 per month
OFFICE J7	£185.00 per month
OFFICE J8	£360.00 per month

Summary of language functions

Greeting people

Bonjour, Monsieur/Madame	Good morning/day, Sir/Madam
Heureux de faire votre connaissance	I'm pleased to meet you
Enchanté(e)	Delighted (to meet you)
Salut. Ça va?	Hello. How are you?

Leave taking

Au revoir	Goodbye
A la prochaine	Till the next time
A tout à l'heure	I'll see you later
A un de ces jours	See you sometime
A bientôt	See you soon
A la semaine prochaine	See you next week
A demain	See you tomorrow
Bonne journée	Have a good day
Bonne soirée	Have a nice evening
Bon week-end	Have a good weekend

Introductions

Je suis...	I am . . .
Je m'appelle...	My name is . . .

Giving personal information

Je viens d'Angleterre	I'm from England
Je suis anglais(e), etc.	I'm English
Je suis directeur, etc.	I'm a director

Social niceties

Expressing thanks

Merci	Thank you
Merci à vous	Thank *you*
Merci infiniment	Thank you very much

Receiving thanks
Je vous en prie   Don't mention it

Wishing someone a good journey
Bonne route   Have a good journey

Paying a compliment
Ça vous va très bien   That suits you

Asking for something
Je voudrais/Nous voudrions   I would like/We would like

In a restaurant
Je prends   I'll have
Je veux   I want
Apportez (du vin)   Bring (some wine)

In a shop
Je cherche...   I'm looking for . . .

Expressing regret
Je suis désolé(e)   I'm sorry

Offering help
Qu'est-ce que je peux faire pour vous?   ⎫
Vous désirez?   ⎬ What can I do for you?/
Est-ce que je peux vous aider?   ⎭   Can I help you?
Qu'est-ce que vous cherchez?   What are you looking for?

Telephone expressions
Allô, oui?   Hello
J'écoute   Speaking (literally: I'm listening)
Ici...de la société...   This is . . . from . . . (company)
Pourrais-je parler à...s'il vous plaît? Could I speak to . . . , please?
C'est de la part de...   It's . . . (your name)
Puis-je laisser un message?   Can I leave a message?
Quand est-ce que je peux le joindre?   When can I speak to him?
Puis-je parler à son adjoint?   Can I speak to his/her deputy/
                                             assistant?

Je rappellerai   I'll call back

Attracting someone's attention
Pardon, Monsieur   ⎫
Excusez-moi   ⎭   Excuse me

Asking for directions
Pour aller...s'il vous plaît   How do I get to . . . , please

Giving directions

C'est là-bas	It's over there
en face	opposite
à côté de...	next to . . .
Prenez la direction...	Follow the signs for . . . /the direction
Il faut aller...	You'll have to go . . .
En sortant d'ici	When you go out of/leave here

Asking for information

Pouvez-vous me dire?	Can you tell me

Asking the price

Ça fait combien?	How much is it?
Je vous dois combien?	What do I owe you?

Asking about duration

Vous en avez pour combien de temps?	How long will it take?

Expressing likes and dislikes

C'est bien	It's good
C'est horrible	It's awful
J'aime assez	I quite like it
J'adore...	I love . . .
Je déteste	I hate/can't stand
J'aime beaucoup	I like . . . a lot
Je n'aime pas	I don't like
Je préfère	I prefer
Ça me dirait	I'd like that
Ça me plaira énormément	That will be great

Getting things done

Changing money

Je voudrais changer cent livres en francs	I'd like to change £100 into francs
Je veux changer des chèques de voyage	I'd like to cash some travellers' cheques
Je voudrais ouvrir un compte courant	I'd like to open a current account

Getting a refund

Vous vous ferez rembourser	You will get a refund

Making an appointment

Je voudrais prendre rendez-vous	I'd like to make an appointment

Asking someone to do something

Voulez-vous...?   Will you?

Asking someone's opinion

Vous pensez que...?   Do you think that . . . ?

Expressing disbelief

Ce n'est pas vrai   It's not true

Expressing need

J'ai besoin de...   I need

Making suggestions

Je vous conseille...   I advise you
Je vous propose   I suggest
Si on allait...(à Paris)   Shall we go . . . (to Paris)
Pourquoi pas?   Why not?
Il faut absolument   We absolutely must . . .
Ça vous dit?   Would you like that?

Comparing and contrasting

Ce n'est pas tout à fait pareil   It's not quite the same

Asking what is wrong

Qu'est-ce que vous avez?   What's wrong?/What's the matter?

Grammar summary

Verbs

The present tense

Regular verbs
-er verbs, *Example:* chercher, seek, look for
je cherch**e**, tu cherch**es**, il/elle cherch**e**, nous cherch**ons**, vous cherch**ez**, ils/elles cherch**ent**
-ir verbs, *Example:* remplir, fill (in)
je rempl**is**, tu rempl**is**, il/elle rempl**it**, nous rempl**issons**, vous rempl**issez**, ils/elles rempl**issent**
-re verbs, *Example:* vendre, sell
je vend**s**, tu vend**s**, il/elle vend, nous vend**ons**, vous vend**ez**, ils/elles vend**ent**

Irregular verbs
aller, go
je vais, tu vas, il/elle va, nous allons, vous allez, ils/elles vont

apprendre, learn
j'apprends, tu apprends, il/elle apprend, nous apprenons, vous apprenez, ils/elles apprennent

avoir, have
j'ai, tu as, il/elle a, nous avons, vous avez, ils/elles ont

boire, drink
je bois, tu bois, il/elle boit, nous buvons, vous buvez, ils/elles boivent

connaître, know
je connais, tu connais, il/elle connaît, nous connaissons, vous connaissez, ils/elles connaissent

devenir, become
je deviens, tu deviens, il/elle devient, nous devenons, vous devenez, ils/elles deviennent

devoir, have to, must
je dois, tu dois, il/elle doit, nous devons, vous devez, ils/elles doivent

131

être, be
je suis, tu es, il/elle est, nous sommes, vous êtes, ils/elles sont

faire, do, make
je fais, tu fais, il/elle fait, nous faisons, vous faites, ils/elles font

mettre, put
je mets, tu mets, il/elle met, nous mettons, vous mettez, ils/elles mettent

obtenir, obtain
j'obtiens, tu obtiens, il/elle obtient, nous obtenons, vous obtenez, ils/elles obtiennent

payer, pay
je paie, tu paies, il/elle paie, nous payons, vous payez, ils/elles paient

pouvoir, be able, can
je peux, tu peux, il/elle peut, nous pouvons, vous pouvez, ils/elles peuvent

prendre, take
je prends, tu prends, il/elle prend, nous prenons, vous prenez, ils/elles prennent

recevoir, receive
je reçois, tu reçois, il/elle reçoit, nous recevons, vous recevez, ils/elles reçoivent

savoir, know
je sais, tu sais, il/elle sait, nous savons, vous savez, ils/elles savent

suivre, follow
je suis, tu suis, il/elle suit, nous suivons, vous suivez, ils/elles suivent

venir, come
je viens, tu viens, il/elle vient, nous venons, vous venez, ils/elles viennent

voir, see
je vois, tu vois, il/elle voit, nous voyons, vous voyez, ils/elles voient

vouloir, want, wish
je veux, tu veux, il/elle veut, nous voulons, vous voulez, ils/elles veulent

Reflexive verbs

Example: s'appeler, to be called
je m'appelle, tu t'appelles, il/elle s'appelle, nous nous appelons, vous vous appelez, ils/elles s'appellent
Use of the reflexive infinitive:
The reflexive pronoun changes according to the subject.
Example: se rendre, go

Vous devrez **vous rendre** au commissariat.	You will have to go to the police station.
Je devrai **me rendre** au commissariat.	I will have to go to the police station.

The perfect tense

1 The perfect tense with avoir

j'ai, tu as, il/elle a, nous avons, vous avez, ils/elles ont + past participle.

Past participle

-er verbs

réserv**er** ⟶ reserv**é**

-ir verbs

chois**ir** ⟶ chois**i**

-re verbs

répond**re** ⟶ répond**u**

Irregular past participles

avoir, eu
apprendre, appris
boire, bu
connaître, connu
devoir, dû
être, été
faire, fait
mettre, mis
obtenir, obtenu
pouvoir, pu
prendre, pris
recevoir, reçu
remettre, remis
reconnaître, reconnu
savoir, su
suivre, suivi
voir, vu
vouloir, voulu

2 The perfect tense with être

je suis, tu es, il/elle est, nous sommes, vous êtes, ils/elles sont + past participle.
The past participle must agree with the subject in the same way that adjectives do.
Example: arriver, arrive

je suis arriv**é(e)**
tu es arriv**é(e)**
il est arriv**é**
elle est arriv**ée**
nous sommes arriv**é(e)s**
vous êtes arriv**é(e)(s)**
ils sont arriv**és**
elles sont arriv**ées**

Other verbs in this category:
partir (parti), depart
aller (allé), go
venir (venu), come
entrer (entré), enter
sortir (sorti), go out
tomber (tombé), fall
rester (resté), stay
retourner (retourné), return
revenir (revenu), come back
monter (monté), go up
descendre (descendu), go down
naître (né), to be born
mourir (mort), to die

Reflexive verbs form the perfect with être:
Example: s'arrêter, stop
je me suis arrêté(e)
tu t'es arrêté(e)
il s'est arrêté
elle s'est arrêtée
nous nous sommes arrêté(e)s
vous vous êtes arrêté(e)(s)
ils se sont arrêtés
elles se sont arrêtées

The immediate past: to have just done something

This is expressed with venir de + infinitive.

Je viens de téléphoner au chef des achats.	I have just telephoned the chief buyer.

The future tense

Formation: infinitive + endings: **-ai**, **-as**, **-a**, **-ons**, **-ez**, **-ont**.

-er verbs

Example: trouver, find
je trouverai, tu trouveras, il/elle trouvera, nous trouverons, vous trouverez, ils/elles trouveront

-ir verbs

Example: choisir, choose
je choisirai, tu choisiras, il/elle choisira, nous choisirons, vous choisirez, ils/elles choisiront

-re verbs

Example: répondre, reply
je répondrai, tu répondras, il/elle répondra, nous répondrons, vous répondrez, ils/elles répondront

Irregular forms

aller, j'irai
avoir, j'aurai
devenir, je deviendrai
devoir, je devrai
être, je serai
faire, je ferai
obtenir, j'obtiendrai
payer, je paierai
pouvoir, je pourrai
rappeler, je rappellerai
recevoir, je recevrai
relever, je relèverai
savoir, je saurai
venir, je viendrai
voir, je verrai

The immediate future: going to

This is expressed by aller + infinitive.
Je vais passer six mois ici.   I am going to spend six months here.

The passive

This is formed with the appropriate tense of être + past participle.
Le salaire minimum est régi par...   The minimum salary is regulated by . . .

The present participle

Formation: **nous** form of present tense minus **-ons** ending, + **-ant**.
Example: signer ⟶ nous sign-**ons**, ⟶ sign**ant**
en signant   by signing

The imperative

Formation: the **tu** and **vous** forms of the verb are used without the subject pronoun.
Example: Signez ici.   Sign here.

The present subjunctive

Formation: Present participle minus **-ant**, + endings: **-e**, **-es**, **-e**, **-ions**, **-iez**, **-ent**.

Example: vérifier, check

je vérifi**e**, tu vérifi**es**, il/elle vérifi**e**, nous vérif**ions**, vous vérifi**ez**, ils/elles vérifi**ent**

Irregular forms

aller

j'aille, tu ailles, il/elle aille, nous allions, vous alliez, ils/elles aillent

venir

je vienne, tu viennes, il/elle vienne, nous venions, vous veniez, ils/elles viennent

Some expressions followed by the subjunctive:

vouloir que

Voulez-vous que je vérifie l'huile?	Would you like me to check the oil?

imaginer que

Imaginez que vous tombiez en panne.	Imagine you broke down.

pour que

pour que nous arrivions de bonne heure	so that we arrive early

Il faut que

Il faut que j'aille à Paris demain.	I must go to Paris tomorrow.

Verb constructions

Verbs which take the infinitive

désirer

Si vous désirez recevoir votre salaire	If you wish to receive your salary

devoir

Vous devez payer...	You have to pay . . .

pouvoir

Vous pouvez retirer cinq cents francs.	You can withdraw 500 francs.

vouloir

Je veux changer cent livres.	I want to change £100.

se faire

Vous vous faites rembourser.	You get a refund (get yourself refunded).

laisser

laisser fondre	to let dissolve

Verbs which take à

répondre à

J'ai répondu à la lettre.	I answered (to) the letter.

téléphoner à
Paul a téléphoné au chef des achats.   Paul telephoned (to) the chief buyer.

Verbs which take de
décider de + infinitive, decide to
empêcher de + infinitive, prevent
dépendre de + noun, depend on

Verbs which take à and de

demander à quelqu'un de faire quelque chose	ask someone to do something
proposer à quelqu'un de faire quelque chose	suggest someone does something

Example: Il a proposé à Paul d'aller à Paris.

conseiller à quelqu'un de faire quelque chose	advise someone to do something

Example: Il a conseillé à Paul d'aller au musée du Louvre.

pour + infinitive = in order to
pour simplifier la vie   to make life easier

Impersonal verbs
Il faut, must
With the infinitive:
Il faut partir.   I/you/he/she/we/they, etc. must go.

With the subjunctive:
Il faut que je parte.   I must go.

depuis + present tense
J'ai mal à la gorge depuis deux jours.   I have had a sore throat for two days.

The articles

1 Definite article: the
le (masculine singular)
la (feminine singular)
les (plural)
Used with parts of the body:
Je me suis tordu le poignet.   I have sprained my wrist.

2 Indefinite article: a/an
un (masculine singular)

une (feminine singular)

The indefinite article is omitted before names of professions.

Example: Je suis ingénieur.   I am an engineer.

3 Partitive article

du, **de la**, **de l'**, **des**, some

de is used before an adjective and after a negative.

Adjectives

Adjectives agree with the noun, whether masculine or feminine, singular or plural.

	Regular forms		
	singular	*plural*	
masculine	enchanté	enchanté**s**	delighted
feminine	enchanté**e**	enchanté**es**	
	petit	petit**s**	small
	petit**e**	petit**es**	

	Irregular forms		
masculine	ancien	ancien**s**	ancient, former
feminine	ancien**ne**	ancien**nes**	
	blanc	blanc**s**	white
	blan**che**	blan**ches**	
	heureux	heureux	happy
	heureu**se**	heureu**ses**	
	premier	premier**s**	first
	premi**ère**	premi**ères**	
	ce, cet	ces	this, these
	cette	ces	
	tel (que)	tels (que)	such (as)
	telle (que)	telles (que)	

NB **ce** is used before a noun beginning with a consonant: **ce** journal, this newspaper.

cet is used with a masculine noun beginning with a vowel: **cet** homme, this man.

Possessive adjectives

mon, ma, mes	my
ton, ta, tes	your
son, sa, ses	his/her
notre, nos	our
votre, vos	your
leur, leurs	their

The comparative

Formation: plus + adjective.
Examples:

plus avantageux	more advantageous
plus cher	more expensive, dearer
moins cher	less expensive

Irregular forms

bon (good) becomes **meilleur** (better).

The superlative

Formation: using **le/la/les plus** + adjective.

le plus célèbre du monde   the most famous in the world

Adverbs

Formation: adjective + **-ment**.
facile (easy) becomes facile**ment** (easily).

Pronouns

Subject pronouns

je	I	nous	we
tu	you	vous	you
il	he	ils/elles	they
elle	she	on	one

On often replaces 'nous' in the spoken language.
Example: On pourrait aller au musée du Louvre.   We could go to the Louvre.

Object pronouns

me te nous vous	le la les	lui leur	y	en

The table indicates the order in which the pronouns appear if they occur in the same sentence.

1 With present and future tenses
The pronoun is placed before the verb.

Je **la** prends	I'll take it.

2 With the perfect tense
The pronoun is placed before the verb (avoir or être) not the past participle.

Vous **l'**avez loué.	You have hired it.
Il **lui** a parlé plusieurs fois.	He has spoken to him several times.

3 With the infinitive

pour **la** présenter	to introduce it

Emphatic pronouns

moi, toi, lui, elle, nous, vous, eux, elles
These are used for emphasis and after prepositions.
Examples:

chez moi	at my house
pour nous	for us
C'est moi	It's me

Relative pronouns

qui, que

un service **qui** aide le voyageur	a service which helps the traveller
la protection **que** la société offre à ses clients	the protection which the company offers its customers
un client **qu'**il connaît très bien	a client whom he knows well

dont (= de + qui)

une formalité **dont** vous serez normalement exempté	a formality from which you will normally be exempted

Interrogatives

Qui?	Who?
Où?	Where?
Quel?/Quelle?/Quels?/Quelles?	What?
Combien?	How many?
Comment?	How?
Pourquoi?	Why?
Quand?	When?
Qu'est-ce que?	What?

Est-ce que? used before any statement will convert it into a question.

Negatives

ne...pas	not
ne...plus	no longer
ne...ni...ni...	neither . . . nor
ne...rien	nothing
ne...jamais	never
ne...aucun(e)	not one
ne...personne	no-one

Prepositions

à	to, at
au, à la, à l', aux	
de	of, from
du, de la, de l', des	

Prepositional uses

muni de	equipped with
grâce à	thanks to
signalé par	indicated by
accompagné de	accompanied by

Vocabulary list

A

à cause de because of
à côté next door
à l'étranger abroad
à la mode fashionable
à partir de as from
abîmé(e) damaged
abri (m) inviolable safe place
absent(e) away/out
accéder à to gain access to
accepter to accept
accès (m) access
accord (m) agreement
accroché(e) à gripping
accusé (m) de réception acknowledgement
achat (m) purchase
acheter to buy
achèvement (m) completion
activité (f) operation
actuellement now/at the moment
addition (f) bill
adhérence (f) grip
adjoint (m) assistant
adorer to love
adresse (f) address
aérogare (f) air terminal
aéroport (m) airport
affaires (fpl) business
affecté(e) assigned to
affiché(e) displayed
afficher to display
afin de in order to
âge (m) age
agréé(e) recognised/approved
agrément (m) acceptance
aider to help
ail (m) garlic
ailleurs elsewhere
aimer to like
aîné(e) elder/eldest
alerter to alert/warn
allait: on allait one/we went
Allemagne (f) Germany
aller to go
aller et retour (m) return ticket
aller simple (m) single ticket
allocations (fpl) familiales family allowance
allonger to lie down
allouer to allocate (a sum)
allumer to switch on
alors so/then/therefore
ambiance (f) atmosphere
ambulance (f) ambulance
aménagé(e) fitted out

amende (f) fine
ami/amie (m or f) friend
amoureusement lovingly
ampoule (f) bulb
ampoule de rechange spare bulb
an (m) year
anchois (mpl) anchovies
ancien(ne) ancient/former
anglais(e) English
Angleterre (f) England
année (f) year
annonce (f) announcement/advert
annuaire (m) directory
antibiotiques (fpl) antibiotics
antiquité (f) antiquity
appareil (m) equipment
apparent(e) apparent
appartement (m) flat
appel (m) call
apporter to bring
apprendre to learn
approfondi(e) in depth
après after
après-midi (m or f) afternoon
argent (m) money
argent liquide cash
arrêt (m) stop
arrière (m) back
arrivée (f) arrival
arriver to arrive
arrondir to round
artichaut (m) artichoke
article (m) article/goods
ascenseur (m) lift
assez quite
assis(e) seated
assurance (f) insurance
assuré(e) insured
assurer to insure
atelier (m) workshop
attendre to wait
attente (f) waiting
attention: Fais/Faites attention Be careful
attester to testify
attirer to attract/draw (attention)
au moyen de by means of
au revoir goodbye
auberge (f) inn
augmenter to increase
aujourd'hui today
auprès de at/next to
aussi also
autobus (m) bus
autocollant (m) sticker

autorisé(e) allowed
autoroute (f) motorway
autre (m or f) other
autrefois previously
Autriche (f) Austria
avance: à l'avance in advance
avant before
avant-bras (m) forearm
avant: pas avant not until
avantages (mpl) perks
avantageux/avantageuse worthwhile
avec with
avion (m) plane
avocat (m) solicitor
avoir to have
avoir besoin to need
avoir mal to ache/to be in pain

B

bagages (mpl) luggage
baguette (f) French stick
balcon (m) balcony
banane (f) banana
banc (m) bench
banlieue (f) suburbs
banque (f) bank
bas/basse low
basculer to rock
bateau-mouche (m) river boat
beau/belle beautiful
beaucoup a lot/very much
bébé (m) baby
Belgique (f) Belgium
bénéficier to benefit/profit
bénéficier de to be entitled to
beurre (m) butter
bibliothèque (f) bookcase/library
bien well/good
bien sûr of course
biens (mpl) property
bière (f) beer
bilingue bilingual
billet (m) ticket/bank note
blanc/blanche white
blessé (m) blessée (f) injured person
blessé(e) injured
bleu(e) blue
boeuf (m) beef
bois (m) wood
boisson (f) drink
boîte (f) can/tin; night club
bon/bonne good/right
bon marché cheap
bonjour Good morning
bonsoir Good evening
bord (m) edge
boulevard (m) avenue/boulevard
boulot (m) work (slang)
bout (m): au bout de end: at/to the end of
boutique (f) shop
bras (m) arm

brochure (f) brochure
brouillard (m) fog
bruit (m) noise
bulletin (m) report
bureau (m) desk/office
but (m) goal/aim

C

cabinet (m) de toilette toilet
cadeau (m) (pl: cadeaux) gift
cadet/cadette younger/youngest
café (m) coffee
café crème white coffee
caisse (f) cash desk; body (of vehicle)
cale (f) clamp
calé(e) propped against
camion (m) lorry
Canada (m) Canada
canadien/canadienne Canadian
canapé (m) sofa
candidat (m) candidate
carafe (f) carafe/decanter
carnet (m) book (of tickets)
carnet de chèques cheque book
carrefour (m) crossroads
carte (f) menu/card
carte de crédit credit card
carte de paiement charge card
cassette laser (f) compact disc
catalogue (m) catalogue
cathédrale (f) cathedral
caution (f) guarantee/security
cave (f) cellar
ce/cet, cette; ces this; these
ceinture (f) belt
ceinture de sécurité seat belt
célèbre famous
célibataire single
cellier (m) cellar
cent hundred
centre (m) d'affaires business centre
cérémonie (f) special occasions
cerise (f) cherry
certain(e) certain/some
certificat (m) d'immatriculation registration document
chacun(e) each one/either party
chaise (f) chair
chambre (f) room/bedroom
champignon (m) mushroom
changer to change
chapeau (m) (pl: chapeaux) hat
chargement (m) load
charges comprises including service charges
charmant(e) charming
chasseur (m) hunter
chaud(e) hot
chaussée (f) roadway
chaussettes (fpl) socks
chaussure (f) shoe
chef (m) de production production manager

chef des ventes sales manager
chef des achats purchasing manager
chef du personnel personnel manager
chemin (m) way
chemise (f) shirt
chemisier (m) blouse
chèque (m) de voyage traveller's cheque
chéquier (m) cheque book
cher/chère expensive
chercher to seek/look for
cheville (f) ankle
chez at the house/shop/firm of
chocolat (m) chocolate
choisir to choose
choix (m) choice
choux (mpl) de Bruxelles Brussels sprouts
ci-contre opposite
ciel (m) sky
cigare (m) cigar
cinéma (m) cinema
cinquième fifth
circulation (f) traffic
circuler to run (transport)/move about
clair/claire clear
classement (m) filing
clef (f) key
clémentine (f) clementine
client (m)/cliente (f) customer
climatisé(e) air conditioned
code (m) code
cœur (m) heart
coin (m) corner
coin touristique tourist spot
col (m) collar
collant (m) pair of tights
collation (f) snack
collé(e) glued to
collège (m) school
collègue (m or f) colleague
colonne (f) vertébrale spine
combien how much/many
combiné (m) receiver (telephone)
commande (f) order
commander to order
comme as/like
commerce (m) business
commissariat (m) police station
commode convenient
communauté (f) community
Communauté Européenne European
   Community
compagnie (f) aérienne airline
complémentaire complementary
complet full (hotel)
compléter to complete
compliqué(e) complicated
comporter to include
comprendre to understand/comprise
comprimé (m) tablet
compris included
comptabilité (f) accounting

compte (m) account
compte courant current account
compte-chèques (m) cheque account
compte-joint (m) joint account
compter: à compter du as from/commencing
concerner to concern
concevoir: conçu to create: created
concombre (m) cucumber
concurrence (f) competition
conducteur (m) driver
conduire to drive
conduite (f) driving
confirmer to confirm
conformer à to abide by
confortable comfortable
congé (m) day off/holiday
conjoint (m) spouse
connaître to know (information)
connu(e) well-known
consécutif/consécutive consecutive
conseiller to advise
conserve (f) tinned food
consommer to consume
consultation (f) consultation
contrat (m) contract
contre against
contrôle (m) test/service (car)
convenir to agree upon
copie (f) copy
correctement correctly
correspondance (f) connection
correspondant(e) corresponding
correspondre to correspond
costume (m) suit
cotisation (f) contribution
coude (m) elbow
couleur (f) colour
coup (m) de téléphone phone call
courant(e) common
courrier (m) post/letter
cours (mpl) lessons
court (m) de tennis tennis court
coûter to cost
couvert cloudy
couvrir to cover
crampe (f) cramp
crêpe (f) pancake
crevette (f) shrimp
cuisine (f) kitchen/cooking
cuisiné(e) cooked
cuit(e) cooked

D
d'abord first
d'accord okay
dame (f) lady
Danemark (m) Denmark
dangereux/dangereuse dangerous
dans in
danser to dance
date (f) date

de of
déclarer to declare
dédommager to compensate
défaut: à défaut de téléphone if there's no phone
dégâts (mpl) damage
déjà already
déjeuner to have lunch
déjeuner (m) lunch
délai (m) delay/time limit
demain tomorrow
demande (f): sur demande upon request
demande de poste job application
demander to ask
démarche (f) claim
dents (mpl) teeth
dépanneur (m) breakdown mechanic
département (m) department (equivalent of county in England)
dépassement (m) overtaking
dépendre de to depend on
dépenses (fpl) expenses
déplacement: en déplacement travelling on business
déplacer to move
déposer de l'argent to pay in money
dépression (f) depression
depuis since/for
dernier/dernière last/latest
derrière behind
description (f) description
désirer to wish for
désolé(e) sorry
dessert (m) dessert
desserte (f) railway line
desservir to serve (of train service)
détenteur (m)/détentrice (f) holder
détester to detest/hate
deuxième second
devis (m) estimate
devises (fpl) foreign currency
devoir to have to/must
devrait: il devrait it should be
digestif (m) liqueur
diminué(e) diminished
diminuer to diminish
dîner (m) dinner
diplôme (m) qualification
dire to say
directeur (m) director/manager
directeur-général (m) managing director
direction (f) direction; management
dirigé(e) pointed towards
disposé(e) à willing to
disposer de to have available
disposition (f): à votre disposition at your disposal
disque (m) disc
distance (f) de sécurité safe distance
distractions (fpl) entertainment
distributeur (m) automatique cash machine

doigt (m) finger
domicile (m) residence
domiciliations (fpl) domiciliations (of bills of exchange)
dominer to predominate
donc so
donner to give
donner sur to look out onto
dont of which
dos (m) back
doubler to overtake
douche (f) shower
douloureux/douloureuse painful
doux/douce mild
droit (m) law
droit/droite straight
droite right
dur/dure hard
durabilité (f) durability

E
eau (f) water
échange (m) exchange
échantillon (m) sample
éclaircies (fpl) bright intervals
écossais(e) Scottish
écouter to listen
écru cream (colour)
effectué(e) carried out
effectuer to carry out
efficace effective/efficient
également equally
église (f) church
électricité (f) electricity
embauche (m) hiring
empêcher to prevent
emploi (m) job
en cas de in case of
en face opposite
en fin de semaine at the weekend
en moyenne on average
en pleine nuit in the middle of the night
encaisser to cash
enchanté(e) delighted
encolure (f) collar size
encombré(e) blocked, busy, packed
endive (f) chicory
endormir to put to sleep/make sleepy
endroit (m) place
endroit: par endroits in places
enfant (m) child
enfin lastly/at last
engagement (m) employment
ensemble together
ensemble: dans l'ensemble in general
ensoleillé(e) sunny
entre between
entrecroiser to interlock
entrée (f) entrance (building); starter (meal)
entrepôt (m) warehouse
entreprise (f) familiale family business

entrevue (f) interview
envisager to plan/arrange
envoyer to send
épanouissement (m) psychique mental well-being
épaule (f) shoulder
épinard (m) spinach
équipé(e) equipped/fitted
équitation (f) horse riding
escalier (m) staircase
escalier roulant escalator
escargot (m) snail
Espagne (f) Spain
espagnol(e) Spanish
espèces (fpl) cash
espérer to hope
esprit (m) spirit
essayer to try/try on
essence (f) petrol
essuyer to wipe/clean
est (m) East
et and
établir to draw up
établissement (m) establishment
étage (m) floor
étaient: ils étaient they were
état (m) state
Etats Unis (mpl) United States
étendu(e) extensive
étranger/étrangère foreign
être to be
être enrhumé(e) to have a cold
études (fpl) studies
étudiant(e) student
éviter to avoid
excusez-moi excuse me
exécuté(e) carried out
exemple: par exemple for example
exempté(e) exempt
exercer to carry out
expédier to forward/dispatch
expertise (f) valuation/appraisal
expertise préalable assessment (of damage)
extérieur (m) exterior

F
fabricant (m) manufacturer
fabrique (f) factory
fabriquer to manufacture
face: en face de opposite
facilement easily
faciliter to make easier
facturation (f) invoicing
facture (f) invoice/bill
faible weak
faire to do/make
faire le plein to fill up (petrol)
faire partie de to be a part of
fauteuil (m) armchair
favorable advantageous
femme (f) wife/woman

fenêtre (f) window
fermé(e) closed
fessier (m) buttocks
fête (f) holiday
feu (m) fire
feuille (f) de maladie sickness form
feux (mpl) rear lights
fiche (f) form
fièvre (f) temperature
fille (f) daughter
fils (m) son
fin (f) end
fini(e) finished/ended
Finlande (f) Finland
fixé à fixed at
fixer to fix
flocon (m) de neige snowflake
fois (f) time
fonction: en fonction de in terms of
fonctionnement (m) working/operation
fonctions (mpl) duties
fond (m) background
formalité (f) formality
formation (f) training
formulaire (m) form
formulé(e) formulated
formuler to formulate
fort(e) strong/large
fortement strongly
fortifiant (m) tonic
fouiller to search
fournisseur (m) supplier
frais (mpl) expenses
frais/fraîche fresh
France (f) France
français(e) French
franchise (f) franchise
frappe (f) typing
frauduleux/frauduleuse fraudulent
frein (m) brake
frère (m) brother
froid(e) cold
fromage (m) cheese
fruits (mpl) de mer sea food

G
gallois(e) Welsh
gamme (f) range (of goods)
garanti(e) guaranteed
garantir to guarantee
garçon (m) waiter; boy
garder to keep to
gare (f) station
garer to park (vehicle)
gâteau (m) cake
gauche left
gaz (m) gas
gélule (f) capsule
gêner to obstruct
généralement usually
gérant (m) manager

gérer to manage
geste (m) gesture/movement/action
glace (f) ice cream
glissant(e) slippery
glisser to slip/slide/skid
gorge (f) throat
grâce à thanks to
grand(e) large
Grande-Bretagne (f) Great Britain
grands-parents (mpl) grandparents
gras: en gras in bold lettering
gratuitement free
Grèce (f) Greece
grillé(e) grilled
grippe (f) influenza
gris(e) grey
gros: en gros wholesale
groupe (m) group
groupement (m) group (of companies)
gymnase (m) gym

H
habiter to live
habitude (f) habit
habitué(e) à used to
hall (m) d'entrée entrance hall
handicapé (m) disabled person
haricots (mpl) blancs haricot beans
haricots (mpl) verts green beans
haut (m) top
hebdomadaire weekly
héler to hail (taxi)
hémorragie (f) bleeding
heure (f) time/hour
heures (fpl) supplémentaires overtime
heureusement fortunately
heureux/heureuse happy
heurter to crash into
homard (m) lobster
hôpital (m) hospital
horaire (m) timetable
horizontal(e) horizontal
hospitalisation (f) hospitalisation
hôtel (m) de ville town hall
huile (f) oil

I
ici here
il y a there is
imaginer to imagine
immatriculé(e) registered
immeuble (m) building/block of flats
immobilisé(e) immobilised
impeccable great
implanté(e) established/set up
implanter to establish/set up
impliqué(e) involved
important(e) large/important
importateur (m) importer
importation (f) importing
impôts (mpl) taxes

incendie (m) fire
indépendant(e) independent
indiquer to indicate
industriel/industrielle industrial
informer to inform
ingénieur (m) commercial commercial engineer
insonorisé(e) sound proofed
instant (m) moment
interdiction (f) prohibition
interdit forbidden
intéressant(e) interesting/lucrative
intérieur (m) interior
international(e) international
intersection (f) intersection
intervention (f) intervention
interviewer to interview
invariablement invariably
irlandais(e) Irish
Irlande (f) Ireland
Italie (f) Italy

J
jambe (f) leg
jambon (m) ham
Japon (m) Japan
jardin (m) garden
jaune yellow
jeter to throw
jeter un coup d'œil to glance
jeu (pl: jeux) (m) game
jeune young
jeunesse (f) youth
joindre to contact
joint(e) attached/enclosed
joli(e) pretty
jouet (m) toy
jour (m) day
jour férié holiday
journal (m) newspaper
journée (f) day
jupe (f) skirt
juridique legal
jus (m) de fruit fruit juice
jus d'orange orange juice
jusqu'à until
justement exactly/precisely

L
là there
la plupart de most of
là-bas over there
laisser tomber to drop
lait (m) milk
langue (f) language
large broad/wide (spread)
laver to wash
léger/légère light
légume (m) vegetable
lequel/laquelle which
lettre (f) letter
lettre recommandée registered letter

leur/leurs their
libérer to free
libre free
librement freely
lieu (m) place
ligne (f) line
limité(e) limited
limité à limited to
lingerie (f) laundry
lire to read
lit (m) bed
littoral (m) coastal region
livraison (f) delivery
livre (f) pound (weight/money)
livre (m) book
local (m) (pl locaux) premises
localisation (f) location
location (f) rental
location de voitures car hire
logement (m) somewhere to live
loin far
loisirs (mpl) leisure pursuits/pastimes
longtemps a long time
lors de on the occasion of
lorsque when
louer to hire
lourd/lourde heavy
loyer (m) rent
lune (f) moon

M

madame Madam
magasin (m) shop/store/warehouse
main (f) hand
maintenant now
mais but
maison (f) house/firm
maladie (f) illness
malheureusement unfortunately
manger to eat
manière (f) manner
marchand (m) dealer
marchand(e) commercial
marchandises (fpl) goods
marcher to work/walk
marié(e) married
mariée (f) bride/bridal
marquage (m) antivol security engraving (on a car)
marque (f) make
marron brown
matériel (m) (pl matériaux) material
matin (m) morning
matinée (f) morning
mauvais(e) bad/wrong
médecin (m) doctor
médical(e) (pl: médicaux) medical
médicament (m) medicine
méditerranéen/méditerranéenne Mediterranean
meilleur(e) better
melon (m) melon

membres (mpl) limbs
même even/same
mensuel/mensuelle monthly
menton (m) chin
menu (m) menu/dish of the day
merci Thank you
mère (f) mother
message (m) message
météo (f) weather forecast
métier (m) trade/craft
métro (m) underground railway
mettre to put
mettre fin à to end
meublé furnished
meubles (mpl) furniture
Mexique (m) Mexico
midi midday/lunchtime
mieux better (adverb)
mille thousand
minimum minimum
minuit midnight
mode (f) fashion
mode: à la mode fashionable
modèle (m) style/model
modique moderate
moins less
moins: au moins at least
mois (m) month
monde (m) world
monnaie (f) change
monsieur Sir
moto/motocyclette (f) motorbike
moyen (m) means
moyen: au moyen de by means of
moyenne (f) average
mur (m) wall
musculation (f) weight training
musée (m) museum
musique (f) music
myrtille (f) bilberry

N

naissance (f) birth
natation (f) swimming
national(e) national
nationalité (f) nationality
navette (f) shuttle
nécessaire necessary
neige (f) snow
n'est-ce pas isn't it, aren't they, etc.
nettement distinctly/noticeably
neuf/neuve new
ni...ni neither ... nor
nom (m) name/surname
nombreux/nombreuses numerous
non no
nord (m) North
normalement usually
Norvège (f) Norway
noter to note down
notre/nos our

nouveau/nouvelle new
nuage (m) cloud
nuageux/nuageuse cloudy
nuit (f) night
numéro (m) number
nuque (f) nape of neck

O
objets (mpl) de valeur valuables
obligatoire compulsory
obligé(e) forced
obtenir to obtain
œuf (m) egg
œuf dur hard-boiled egg
œuf miroir fried egg
office (m) de tourisme tourist office
offrir to offer
oignon (m) onion
olive (f) olive
on allait one/we went
optimale: une date optimale a date limit
orange (f) orange
ordonnance (f) prescription
oreille (f) ear
organisation (f) organisation
où? where?
oublier to forget
ouest (m) West
oui yes
outre in addition to
ouvert(e) open
ouvrir to open

P
panique (f) panic
panneau (m) (pl panneaux) sign
pantalon (m) trousers
papier (m) paper
par semaine per week
parc (m) park
parce que because
parcmètre (m) parking meter
pardon excuse me
pare-brise (m) windscreen
pareil/pareille the same
parents (mpl) parents/relatives
parfait(e) perfect
parfum (m) perfume
parisien/parisienne Parisian
parking (m) car park
parler to speak/talk
parmi among
partager to share
particulièrement particularly
partie (f) part
partiel/partielle partial
partir to depart
partout everywhere
paru(e) appearing
passage (m) passage way/visit
passant (m), passante (f) passer-by

passeport (m) passport
passer to spend (time)/go past
pâtisserie (f) pastry/cake/cake shop
paume (f) palm
payé(e) paid
payer to pay
pays (m) country
Pays Bas (mpl) Netherlands
pêche (f) peach
pédale (f) pedal
peint(e) painted
peluche (f) soft toy
pendant during
penser to think/consider
père (m) father
permanent(e) permanent
permettre to permit/allow
permis (m) de conduire driving test/driving
  licence
permis(e) allowed
persil (m) parsley
persister to persist
personne (f) person
perte (f) loss
petit déjeuner (m) breakfast
petits pois (mpl) peas
peu: un peu a little
photo (f) photograph
pichet (m) jug
pièce (f) coin; part (machinery)
pièce d'identité identification
pièce de théâtre play
pièces (fpl) détachées spare parts
pied (m) foot
pile (f) pile/battery
piscine (f) swimming pool
piste (f) à double voie dual carriageway
place (f) square (in town)
placer to place
plaire: cela me plaît I like that
plaisir (m) pleasure
plat (m) dish
plat(e) flat
plein(e) full
plomb (m) lead
pluie (f) rain
plus more
plus: un peu plus a little more
plusieurs several
plutôt rather
pluvieux/pluvieuse rainy
pneu (m) tyre
poids (m) weight
poignet (m) wrist
point: à point medium rare
pointe (f) point
pointure (f) size (shoes)
poire (f) pear
poivre (m) pepper
poivron (m) pepper
pomme (f) apple

pomme de terre potato
pompiers (mpl) fire service
pompiste (m) pump attendant
pont (m) bridge
porc (m) pork
port (m) wearing
porte (f) door
Portugal (m) Portugal
poser sa candidature to apply
poser un problème to pose a problem
posséder to possess
possibilité (f) possibility
poste (m) post/job
poulet (m) chicken
pour for
pourquoi why
pouvoir to be able/can
pratique useful/practical
précaution (f) care
préciser to specify
préférer to prefer
premier/première first
prendre to take
prendre contact to make contact
prénom (m) first name
présenter to present/introduce
pression (f) pressure
prêt (m) loan
prévenir to give notice
prévisions (fpl) forecast
prévoir to provide for/allow for
principe (m) principle
principe: en principe in theory
prise (f) de rendez-vous booking
    appointments
prix (m) price
prochain(e) next
proche nearby
produit (m) product
profession (f) profession
promotion (f) sales promotion
propos: à propos by the way
proposer to offer/suggest
propre clean
propriétaire (m/f) owner
publicité (f) publicity/advertising
puis next

Q
quai (m) platform
qualification (f) qualification
qualité (f) quality
quand when
quant à as for
quartier (m) district
quatrième fourth
quel/quelle what/which
quelque/quelques a few/some
quelque chose something
qu'est-ce que what
question (f) question

qui who
quittance (f) receipt

R
radiateur (m) radiator
ramener to bring
rapatriement (f) repatriation
rapide rapid/fast
rapidité (f) speed
rappeler to call back
rase: en rase campagne in the open country
rayon (m) shelf/department
réception (f) reception
recette (f) recipe
recevoir to receive
recherche (f) research
recommandé(e) recommended/registered
    (letter)
réconforter to comfort
reconnaître to recognise
reconnu(e) recognised
reçu (m) receipt
redresser to put right
réduire to reduce
réduit(e) reduced
réflexion (f) reflection/time for thought
regarder to look at
règlement (m) regulation/rule
regretter to regret/be sorry
régulier/régulière regular
reine (f) queen
relier to link
remboursement (m) refund
rembourser to refund
remercier to thank
remise (f) discount
remorque (f) trailer
remorquer to tow
remorqueur-dépanneur (m) breakdown/
    recovery vehicle
remplir to fill in
rémunération (f) pay
rencontrer to meet
rendez-vous (m) meeting/appointment
rendre to return/give back
rendre visite à to pay a visit to
renseignements (mpl) information
rentrée (f) d'argent deposit
rentrer to go in/pull in
répandu(e) widespread/common
réparation (f) repairs
repas (m) meal
repas d'affaires business lunch
repère (m) landmark
répondeur (m) automatique answering machine
répondre to answer
repos (m) rest
repousser to push back
représentant (m)/représentante (f)
    representative
réservation (f) reservation

réserve: sous réserve de subject to
réserver to reserve
respiration (f) breathing
respiratoire breathing/respiratory
responsabilité (f) responsibility
responsable (m/f) du personnel personnel officer
retirer to withdraw
retour (m) return journey
retourner to return
rétréci(e) narrowing
retrouver to rediscover
réunion (f) meeting
réverbère (m) lamp-post
révisions (fpl) service (car)
revoir: au revoir goodbye
revue (f) magazine
rez-de-chaussée (m) ground floor
rien nothing
risque (m) risk
risquer de to risk
robe (f) dress
roi (m) king
rose pink
rôti(e) roast
roue (f) wheel
rouge red
roulant: escalier (m) roulant escalator
rouler to run (transport)
route (f) road
routier (m) lorry driver
rue (f) road/street

S
s'appeler to be called
s'arrêter to stop
s'écrire to be spelt
s'il vous plaît please
s'installer to set up a practice
s'occuper de to bother about
sabot (m) de Denver clamp
saignant rare (steak)
salade (f) lettuce
salaire (m) salary
salle (f) room
salle à manger dining room
salle de bains bathroom
salon (m) de coiffure hairdresser's
salon d'essayage fitting room
salon de thé tea room
salsifis (m) salsify
sans without
sans plomb unleaded
santé (f) health
sauf except
saumon (m) salmon
saviez: vous saviez you knew
savoir to know (information)
savoir: à savoir namely
se détendre to relax
se développer to develop
se diriger vers to go towards

se passer to happen
se prémunir de to take precautions
se rendre à to go to
se renforcer to get stronger
se retrouver to meet
se tenir to be
séance (f) performance
secourir to help
secours (mpl) emergency services
secret/secrète secret
secrétaire secretary
sécurité (f) security
Sécurité sociale Social Security
séjour (m) stay/living room
semaine (f) week
seminaire (m) seminar
sens (m) direction
sensiblement noticeably
sentait: il se sentait he felt
séparé(e) separate
service (m) du personnel personnel department
service en chambre room service
servir to serve
seul(e) single/only
seulement only
si if
signature (f) signature
signer to sign
simplement simply
simplifier to simplify
sirop (m) syrup
société (f) company
sœur (f) sister
soir (m) evening
soit namely
soit...ou either . . . or
soleil (m) sun
somme (f) sum (money)
sommeil (m) sleep
son (m) sound
sortie (f) outing/exit
souffrir to suffer
souhaitable desirable
sous underneath
souterrain(e) underground
souvent often
spacieux/spacieuse spacious
spécialité (f) speciality
sport (m) d'équipe team game
sportif/sportive keen on sport
station (f) service service station
stationnement (m) parking
steack (m) steak
sténodactylo (f) shorthand typist
studio (m) bedsit
substantiel/substantielle substantial
sud (m) South
Suède (f) Sweden
suffire: il suffit it is enough
Suisse (f) Switzerland
suisse Swiss

suivre to follow
supérieur à greater than
supplémentaire additional
sur on
sûr/sûre sure
survie (f) survival
système (m) system

T
table (f) table
taille (f) size
tapisserie (f) tapestry
tard late
tard: plus tard later
tarif (m) rate/price list
tarte (f) aux pommes apple tart
tatouage (m) sécurité automobile security
    engraving (on a car)
taux (m) de change exchange rate
téléphoner to telephone
téléphoniste (m/f) telephonist
téléviseur (m) television
témoin (m) witness
temps (m) time/weather
temps: de temps en temps from time to time
tendre to hold out
tenez here you are
tenir to hold
termes (mpl) terms
tête (f) head
thé (m) tea
théâtre (m) theatre
thon (m) tuna
tirer to pull
toit (m) roof
tomate (f) tomato
tomber en panne to break down
tordre to twist/sprain
toucher to cash (a cheque)
toujours always/still
tournant (m) turning/corner
tourner to turn
tous risques fully comprehensive
tousser to cough
tout à fait quite
tout(e) all/every
toutefois however
toux (f) cough
traditionnel/traditionnelle traditional
traduction (f) translation
trajet (m) trip/journey
transport (m) routier transport of goods
travail (m) work
travailler to work
traveller (m) traveller's cheque
très very
triangle (m) de panne hazard warning triangle
troisième third
trouver to find

truc (m) thing/trick
tuile (f) roof tile

U
unité (f): à l'unité singly
unité monétaire currency
urgence: de toute urgence without delay
urgent(e) urgent
usine (f) plant, factory
utiliser to use

V
vacances (fpl) holidays
vague (f) wave
valable valid
varier to vary
véhicule (m) vehicle
véhicule articulé articulated vehicle
vendre to sell
venir to come
vent (m) wind
vent: le vent d'autan South wind
vente (f) sale
ventre (m) stomach
verglas (m) black ice
vérifier to check
vers towards/about (time)
vert(e) green
veste (f) jacket
vêtements (mpl) clothes
viande (f) meat
vie (f) life
vieux/vieille old
vignette (f) tax disc/sticker
vigueur: en vigueur in force
ville (f) town
vin (m) wine
virage (m) bend (road)
virer to transfer
visibilité (f) visibility
visiter to visit
vitesse (f) speed
vitrine (f) shop window
voie (f) way/pathway
voilà there you are
voir to see
voiture (f) car
vol (m) theft
volant (m) steering wheel
votre/vos your
vôtres: les vôtres yours
vouloir to want
vous saviez you knew
voyage (m) d'affaires business trip
voyageur (m) traveller
vrai true

Y
yaourt (m) yogurt